einfach buono!

DAS TAGWERK KOCHBUCH

1. Auflage Oktober 2001

Grafische Gestaltung: Limo Lechner, Pastetten
Redaktion: Johann Wimmer, Hanna Ermann, Dr. Inge Asendorf
Fotos: Limo Lechner und Franziska Leutner
Druck: Offsetdruck Dersch, Hörlkofen

ISBN: 3-00-008596-3

Franz Leutner

einfach buono!

Ein Gemüsekochbuch für Winter und Frühjahr

regional • ökologisch • jahreszeitlich

INHALT

MENÜ zum Vorwort

Wie bei einem guten Essen gibt es zur Anregung bei diesem Kochbuch eine kleine Vorspeise vor dem Vorwort.

Wir schlagen **Crostini Sedani** vor, die können warm oder kalt gegessen werden und machen nicht allzu viel Arbeit.

CROSTINI SEDANI

SELLERIE AUF GERÖSTETEM BROT

1 Sellerieknolle (etwa 300 g)
Zitrone (Saft)
1-2 Knoblauchzehen
Salz und Pfeffer
Olivenöl
Vollkorntoast oder kräftiges Bauernbrot
Petersilie

Sellerie putzen und klein schneiden. Davon etwa 50 g ganz fein hacken, mit Zitronensaft beträufeln und zur Seite stellen.

Den Rest mit wenig Wasser (am besten im Dämpfeinsatz) weich dünsten und mit der Gabel oder dem Kartoffelstampfer zerdrücken. Unter dieses Püree den klein gehackten Sellerie mischen und mit zerquetschtem Knoblauch, Salz, Pfeffer, Olivenöl und Zitronensaft abschmecken.

Brotscheiben toasten oder im Ofen rösten und das Selleriegemüse darauf streichen. Mit gehackter Petersilie bestreuen.

Als Vorspeise zusammen mit anders belegten Crostini servieren, oder als eigenständiges Gericht mit Bratkartoffeln und Salat.

EINFACH KOCHEN

Einfach leben und einfach kochen. In seinem doppelten Sinn ist dieser Satz eine ökologische Antwort auf die Risiken des modernen Lebens. Wer ohne große Ansprüche und ohne großen Aufwand lebt, lebt in der Regel einfach besser.

Wer es versteht, sich mit einfachen Mitteln und wenigen Zutaten tagtäglich ein gutes Essen zu kochen, wird gern auf Fastfood und anderes Designerfood aus Büchsen, Tuben und Schachteln verzichten. Wer natürlich gewachsene oder hergestellte Rohstoffe verwendet, braucht auch die Risiken intensiver Tiermast und manipulierter Industrienahrung nicht zu fürchten.

Dieses Kochbuch ist – bis auf ein paar Ausnahmen – eine Sammlung einfacher Rezepte, die ohne komplizierte Küchentechnik und aufwändige Zutatenliste auskommen. Sie sind jahreszeitlich nach dem Motto geordnet: gegessen wird, was gerade wächst und vom Lebensmittelhandel saisontypisch angeboten wird.

Keines unserer Rezepte wurde in einem wissenschaftlichen Kochlabor entwickelt. Sie entstanden in unseren Haushalten und sind eine Mischung aus Natur- und Vollwertkost, aus traditioneller alpenländischer, niederbayrischer und mediterraner Küche. Die Zuneigung für die Küche Italiens hat ihre Spuren am deutlichsten hinterlassen. Schließlich wird nirgends fantasievoller und gekonnter mit Gemüse gekocht als im Süden. Einfach buono! Hier können wir viel lernen, wenn es darum geht, unsere bayrische Hausmannskost vom vielen Fleisch und Fett auf reichlich Gemüse und Getreide umzustellen. Die häufigere Verwendung von Olivenöl statt Schmalz und Butter hängt schlicht mit der Erfahrung der besseren Verträglichkeit zusammen.

Alle Rezepte sind für vier Personen ausgelegt und können problemlos auf mehr oder weniger Personen umgerechnet werden. Ungenaue Mengenangaben sind hoffentlich kein Ärgernis, sondern eine Aufforderung zum selbständigen Ausprobieren, zum einfach Draufloskochen, ohne exakten Fahrplan, aber mit viel Lust. Denn schließlich kochen wir nicht nur, um uns Nährstoffe zuzuführen. Wir kochen und essen aus Spaß und Leidenschaft, weil wir uns treffen, gemeinsam reden und lachen wollen.

Es gibt keine Kultur, in der das Zubereiten der Mahlzeiten und das Essen nicht auch eine zentrale Bedeutung für das Zusammenleben hätte. Beim Essen kultiviert die Gesellschaft ihre menschliche Seite. Jetzt wird nicht nur ausgeteilt, sondern tatsächlich geteilt. Jeder will, dass es auch dem anderen schmeckt und gut geht. Hier zeigen wir uns von einer Großzügigkeit, die es sonst im Leben kaum noch gibt. Bei den Mahlzeiten werden Menschen in ihrer Gemeinschaft emotional verstrickt und vernetzt, und hier lernen wir auch die sozialen Grundschritte hin zu Solidarität und Gerechtigkeit.

Obwohl die Vorgänge um das Essen für das emotionale Gleichgewicht der Menschen und ihrer Gemeinschaften von außerordentlicher Bedeutung sind, setzt sich die moderne Wissenschaft und Forschung erst dann damit auseinander, wenn die Fähigkeit zum Essen auffällig gestört ist. Dann werden mit großem medizinischen und psychotherapeutischen Aufwand die Folgen bekämpft. Die Frage aber, wie die Ernährung vor allem in der Zukunft aussehen soll, wird nur technokratisch beantwortet. Algenprodukte sollen die Menschen essen und gentechnisch veränderten Mais und Reis. Nur so könne vor dem Hintergrund einer explosiv wachsenden Weltbevölkerung die Ernährungsfrage gelöst werden.

Dass aber auch die Menschen der Zukunft sich über das Essen als menschliche Gemeinschaften zusammenfinden, wird höchstens für die Eliten in Anspruch genommen. Für die gibt es Gourmeterlebnisse, einmalige Spitzenküche und Jahrtausendweine.

Einfach leben und einfach kochen. Dies ist schlicht und einfach die große Vision für ein modernes, menschenfreundliches Jahrtausend. Auch künftig bräuchten wir nicht viel, um ein gutes und erlebnisreiches Leben zu führen: eine intakte Landschaft, Freundschaft und ein gesundes und gutes Essen.

ROTE-RÜBEN-TOMATEN-SUPPE

ca. 500 g Rote Rüben
400 g klein gehackte Tomaten (Glas)
Salz
Ingwer

Rote Rüben waschen, schälen und in mundgerechte Stücke schneiden. In reichlich Wasser bissfest weich kochen.

Die fertig gegarten Rüben aus dem Kochwasser nehmen und zur Seite stellen. Je nach Belieben das rote Kochwasser einkochen und etwa die gleiche Menge der klein gehackten Tomaten (bzw. je nach Geschmack mehr oder weniger) dazugeben. Leicht salzen und gut mit frisch geriebenem Ingwer würzen.

Einen Teil der Roten Rüben als Suppeneinlage wieder in die Suppe geben und den Rest für die Nachspeise aufheben.

Zwanzig Jahre Geschichte

Dieses Kochbuch hat eine fast zwanzigjährige Geschichte. Sie beginnt mit der Gründung unserer TAGWERK-Genossenschaft im Jahr 1984 im oberbayrischen Dorfen. Damals waren wir eine Handvoll Biobauern, Aussteiger und Verbraucher, die nach einer Alternative suchten zu einer Wirtschaftsweise, die unsere Umwelt belastet und zudem ungerecht und ungesund ist. Auf dem Weg in die Zukunft gehen wir seither in eine andere Richtung. Und zwar in die richtige, wie wir meinen.

In den Ställen unserer Landwirte wird kein Tiermehl verfüttert, kein importiertes Sojaschrot, kein Milchleistungsfutter. Auf unseren Äckern wird kein chemisches Insektizid, kein Herbizid, kein Fungizid verspritzt und kein Kunstdünger ausgebracht. Mit der Unterstützung von inzwischen über 700 Mitgliedern erzeugen und vermarkten wir Lebensmittel, die ökologisch, tier- und menschenfreundlich hergestellt werden und gesund sind. Ein Großteil unserer Produkte, die wir über regionale TAGWERK-Läden und den Naturkosthandel vertreiben, wird von unseren Mitgliedsbetrieben hergestellt. Dazu gehören nicht nur Landwirte, sondern auch ökologisch arbeitende Gärtnereien, Müller, Metzger, Bäcker, Imker und Nudelmacher.

Regionalität hat aus ökologischen Gründen Vorrang. So vermeiden wir unnötige Transportwege, aufwändige Verarbeitung und Konservierung. Dafür gibt es gesunde Tiere, ökologisch intakte Äcker, Wiesen und Gärten. Und natürlich die Zutaten für ein gesundes Essen.

Und damit aus gesunden Zutaten auch ein gutes Essen wird, sammeln, erfinden und schreiben wir mit Begeisterung Rezepte seit fast 20 Jahren. Allen Kunden und Mitarbeitern sei an dieser Stelle für ihre Tipps und Rezepte gedankt. Besonderen Respekt verdient unsere TAGWERK-Ernährungsberaterin Anneliese Oberpriller, die nicht nur ihre Rezepte beigesteuert hat, sondern auch mit ihren TAGWERK-Kochkursen viele von uns erst auf den richtigen Geschmack gebracht hat.

MANGOLDBRATEN

MIT WISSENSCHAFTLICHER BEILAGE

Ich bin auch einer von diesen vielen Männern, die gerne kochen. Heute koche ich Mangold. Und zwar einen Mangold-Gemüse-Braten vom Allerfeinsten. So geht's los:

Mangold klein schneiden und in einer Mischung aus Olivenöl und Butter andünsten.

Während der Mangold so dahinschmurgelt, grüble ich über die Menschen, die heute keinen Mangold kochen. Was die wohl essen? Ich weiß es nicht. Möglicherweise gehören sie zu jenen, die so viel Stress haben, dass sie keinen Mangold klein hacken und anbraten können, sondern sich über tiefgekühlte Snacks und Halbfertigprodukte freuen.

Ich schiebe den Mangold zur Seite und würfle alte Semmeln.

Dazu braucht man Zeit. Das ist eine meditative Tätigkeit, die mich an meinen Vater erinnert, wenn er Sonntag vormittags Knödelbrot schnitt und laut und ohne Hemmungen nachdachte über die Welt und die Menschen. Dabei fällt mir ein, was ich vor kurzem in der Zeitung gelesen habe (1):

Die NASA gründet ein Food Technology Commercial Space Center, um schmackhafte und Genuss verheißende Nahrung für monatelange Aufenthalte im Weltraum zu entwickeln. Der Autor des Artikels, der wissenschaftliche Direktor eines deutschen Instituts für Ernährungsforschung, ist der Auffassung, dass hier die Lebensmitteltechnologen bahnbrechende Innovationen zustande bringen könnten und die Raumfahrt wieder einmal zum Initiator neuartiger Produkte werde. Produkte, die wichtig seien (bahnbrechend), weil eine wachsende Weltbevölkerung auch künftig ernährt werden wolle. Außerdem lebe die Bevölkerung immer mehr in Single-Haushalten, und die Bedeutung der „Halbfertigprodukte" und „Snacks" werde zu Lasten des „kompletten Gerichts" zunehmen.

Was geht in den Köpfen dieser Leute vor? Künftig sollen wir (der „fortschrittliche" Teil der Weltbevölkerung) in einer hypermodernen Gesellschaft leben. In

Lichtgeschwindigkeit haben wir Zugriff auf weltweite Informationen. Wir besitzen dann Türen, die vor uns von selber aufgehen. Dank gentechnischer Innovationen sind wir kaum noch krank und werden uralt. Ernähren werden wir uns aus Büchsen, Schachteln und Tuben. Offenbar haben wir immer Stress und in der Isolation unseres Singledaseins verlernt, uns etwas Vernünftiges zu Essen zu machen.

Die alten Semmeln sind jetzt geschnitten, und ähnlich wie mein Vater bin ich gedanklich immer mehr in Schwung gekommen. Vielleicht hätte ich über das Ganze gar nicht nachgedacht, wenn ich meinen Gästen heute abend Genuss verheißende Raumfahrerspeise vorsetzen würde. Ich müsste mich dann auch nicht so aufregen.

Über die Semmeln gieße ich jetzt ein bisschen warme Milch, damit sie ein wenig aufquellen. Salzen, pfeffern und ein wenig Muskat darüber geraspelt.

Warum denken diese hoch bezahlten Zukunftsstrategen nicht darüber nach, was für eine wichtige Bedeutung das Essen für die Menschen und ihre Gemeinschaften hat und wie notwendig es in dieser künftigen modernen Welt sein wird, die ursprünglichsten Dinge wie Essen und Trinken wieder selbstbestimmt zu regeln. Was hat es eigentlich mit Wissenschaft zu tun, wenn aus den aktuellen Verkaufszahlen für Fastfood gesellschaftliche Entwicklungstrends konstruiert werden, um einen Markt für Industrieprodukte zu erschließen. Für Produkte übrigens, die keinem fehlen, solange es sie nicht gibt.

Da die Saison der frischen Tomaten vorbei ist, öffne ich ein Glas Rosso e Verde (das sind klein gehackte Tomaten mit viel Basilikum, von einer italienischen Biobauern-Genossenschaft in den Marken). Ein paar Zwiebeln klein hacken, in Olivenöl anbräunen, Tomaten dazu, einen Schuss Rotwein und drei zerquetschte Knoblauchzehen. Das Ganze lasse ich leicht und lange köcheln. Mit Basilikum nachwürzen.

Gleich ziehen feine Düfte durch die Küche. Gerüche, das ist auch so ein Thema, mit dem sich die Forschung mit „wachsendem Erfolg" beschäftigt.

Angeblich sind weltweit Molekularbiologen dabei, hunderte von Molekülen aus dem Geruchsorgan zu isolieren und zu klonen. Über diese gentechnische Innovation könnten aus neuen Kreationen, die kein Mensch freiwillig kaufen und schon gar nicht essen würde, appetitlich riechende

Speisen werden. Der Geruchssinn hat uns bisher davor bewahrt, jeden Mist hinunterzuschlingen. Künftig muss er dafür sorgen, dass der innovationsfreudige Mensch des neuen Jahrtausends nicht vor seinem NASA-Junkfood verhungert. Ich schnuppere an der Tomatensoße und mein Magen antwortet mit einem erwartungsvollen Knurren. Was haben die mit uns vor? Und was haben die für ein Bild vom künftigen Menschen? Die sind doch auf dem besten Weg, aus uns lauter Volltrottel zu machen.

Als nächstes mische ich den gedünsteten Mangold unter die eingeweichten Semmeln, verquirle 4 Eier mit 3 Esslöffeln Mehl und Milch, mische alles unter und forme einen großen grüngelben Knödel. Heute ist er nahezu perfekt. Ganz locker muss er sein und hart an der Grenze, die Form zu verlieren. Eine Reine ausbuttern, den Knödel rein und flach tätscheln. Ab geht's in den Backofen. Dann ist der Salat an der Reihe. Endivien, Radicchio, ein paar Raspel Sellerie und Gelbe Rüben. Vielseitig und schmackhaft soll es sein. Nicht nur für die Raumfahrer.

Übrigens, eines hat die Forschung schon herausgefunden: Moderne Nahrung muss abwechslungsreich und schmackhaft sein, weil (so die Erfahrung aus der Wissenschaft) man sonst die Crew nicht bei Laune halten kann. Halt! Das gilt aber nicht für alle. Nicht für die Millionen, die täglich nichts anderes zu essen haben als Reis, Reis und wieder Reis. Reis ist zwar ein hochwertiges Lebensmittel, aber wenn die Menschen fast ausschließlich Reis essen, erblinden sie, weil Reis weder das Vitamin A noch das Provitamin B-Carotin enthält. Was läge also näher für die Ernährungswissenschaft als die Ausarbeitung von agrar- und entwicklungspolitischen Perspektiven, damit auch diese Menschen sich abwechslungsreich ernähren könnten. So würde der Aufbau und die Wiederbelebung kleinräumiger Wirtschaftsstrukturen am wirkungsvollsten eine nachhaltige und ökologische Nutzung von Grund und Boden sichern, die wiederum die Voraussetzung für eine abwechslungsreiche Ernährung ist. Dachte ich bisher.

Aber weit gefehlt. Die moderne Ernährungswissenschaft kennt eine viel bahnbrechendere Antwort, nämlich die Verpflanzung der Gene für die B-Carotin-Synthese in die Reispflanze. Zwar werden die Menschen damit noch wirkungsvoller in die Abhängigkeit von internationalen Saatgutfirmen und Lebensmittelkonzernen vestrickt, aber dafür können sie weiter ihr Leben lang ausschließlich Reis essen. (2)

Mangoldbraten

500 g Mangold
1 Zwiebel
Butter oder Olivenöl
8 Semmel
1/4 l Milch oder Gemüsebrühe
200 g Sauerrahm
4 Eier
2-3 EL Mehl
400 g Emmentaler oder anderer Schnittkäse
2 Knoblauchzehen
Salz, Pfeffer, Muskat, eventuell Semmelbrösel
ca. 400 g gehackte Tomaten (Glas)
ca. 50 g Butter
6-8 Salbeiblätter
Parmesan

Mangold klein hacken. 1 Zwiebel hacken und in Butter (oder Öl) leicht anbräunen. Mangold dazugeben und bissfest dünsten.

Semmeln klein schneiden und mit heißer Milch übergießen. Mindestens 20 Minuten quellen lassen. Mangold darunter mischen. Die Hälfte des Sauerrahms, die verschlagenen Eier, das Mehl und den Käse dazugeben, mit 2 zerquetschten Knoblauchzehen, Salz, Pfeffer und Muskat abschmecken und zu einem kompakten, lockeren Teig verarbeiten. Falls der Teig zu weich ist, mit Semmelbröseln strecken.

Reine ausbuttern. Aus dem Teig einen großen ovalen Knödel formen und in die Reine legen.

Bei ca. 200 °C im Backrohr ca. 40 Minuten gar backen. Nach 10 Minuten Backzeit den Braten mit Sauerrahm einstreichen.

Butter in einer kleinen Pfanne zerlaufen lassen, gehackten Salbei dazu, salzen und pfeffern und einmal aufschäumen lassen.

Den fertigen Braten in Scheiben schneiden.

Mit der heißen Butter überträufeln und mit Tomatensoße anrichten. Parmesan dazu reichen.

Nach etwa 10 Minuten Backzeit schmiere ich den Mangoldbraten mit Sauerrahm ein und schiebe ihn dann wieder ins Rohr. Das macht eine schöne Oberfläche mit bernsteinfarbener Patina, wenn der Rahm anbräunt und knusprige Sprünge reißt.

Während ich die Salatblätter zurecht zupfe, frage ich mich, wie weit doch die Wissenschaft heute schon hinter dem Mond forscht. Sonst würde sie nicht hartnäckig übersehen, dass sich der Erwerb von Lebensmitteln auf der Erde immer stärker über das Geld regelt und es längst nicht mehr darauf ankommt, immer noch bessere Erträge und neue Produkte zu erfinden. Die Menschen können nichts kaufen, weil sie schlichtweg arm sind und nicht etwa, weil es auf dieser Welt zu wenig gäbe. Ich denke an die Vernichtung ganzer Ernten, an eine gigantische Überschussproduktion, an das absurde Töten und Verbrennen der Rinder. Sind Forschungsinstitute und Universitäten tatsächlich schon so industrialisiert, dass sie keine vernünftigen Antworten mehr geben können? Warum glaubt man sonst, dem einen Teil der Menschheit einreden zu müssen, gentechnisch veränderten Reis zu kaufen, und dem anderen, ein jeder wäre ein Raumfahrer? Warum antwortet man dem Menschen auf die Herausforderung einer modernen Ernährung nicht: Pass auf, dass du nicht so wichtige Dinge verlernst wie dich selbständig und gesund zu ernähren. Es gibt auch in Zukunft nichts Wichtigeres als eine gesunde Nahrung, die so hergestellt wird, dass die Lebensgrundlagen nicht flöten gehen.

Draußen im winterlichen Garten steht noch ein wenig Salbei. Ich zupfe ein paar Blätter ab. Klein hacken und in einen kleinen Topf mit schmelzender Butter einstreuen. Die Salbeibutter salzen und pfeffern.

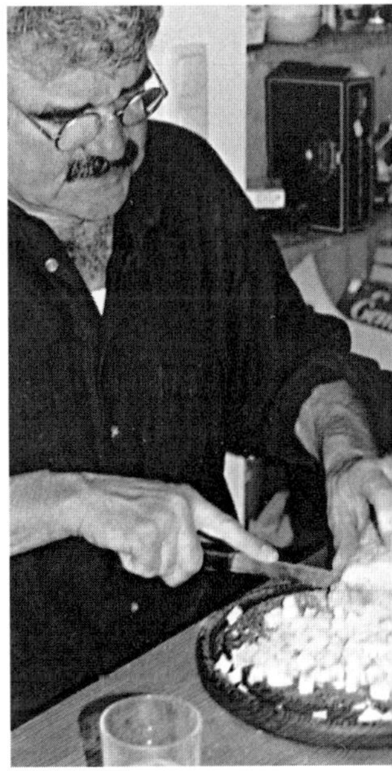

Eine abwechslungsreiche Ernährung wird auch künftig nur aus einer abwechslungsreichen Landschaft kommen, und nur eine weitestgehend ökologische Produktion kann die Fruchtbarkeit der Erde erhalten. Und diese Fruchtbarkeit ist und bleibt die Voraussetzung, um heute sechs und morgen neun Milliarden Menschen zu ernähren. Aber hiervon spricht der moderne Ernährungswissenschaftler kaum. Denkt er überhaupt darüber nach, wie natürliche Kreisläufe funktionieren, wie die Fruchtbarkeit entsteht und sich regeneriert, ohne die wir morgen nicht einmal mehr NASA-Mampf essen könnten?

Mein Essen ist fast fertig, ich sehe schon vor mir, wie es auf den Tellern daher kommt: eine goldgelb-gründurchstreifte Bratenscheibe mit schimmernder Salbeibutter, umringelt von dunkelrotem Tomatensugo. Darüber ein bisschen Parmesan. Mir wird immer klarer, wie wichtig diese alltäglichen Vorgänge sind: Einkaufen, Kochen und Freunde einladen, um humane Lebensformen in eine Zukunft zu retten, die mehr und mehr zu einem gigantischen Markt verkommt.

Es klingelt, ich mache auf, und jetzt kommen sie herein: die Hanna, der Heiner, die Senta, der Reini .... oh Gott, ein Raumfahrer ist auch dabei.

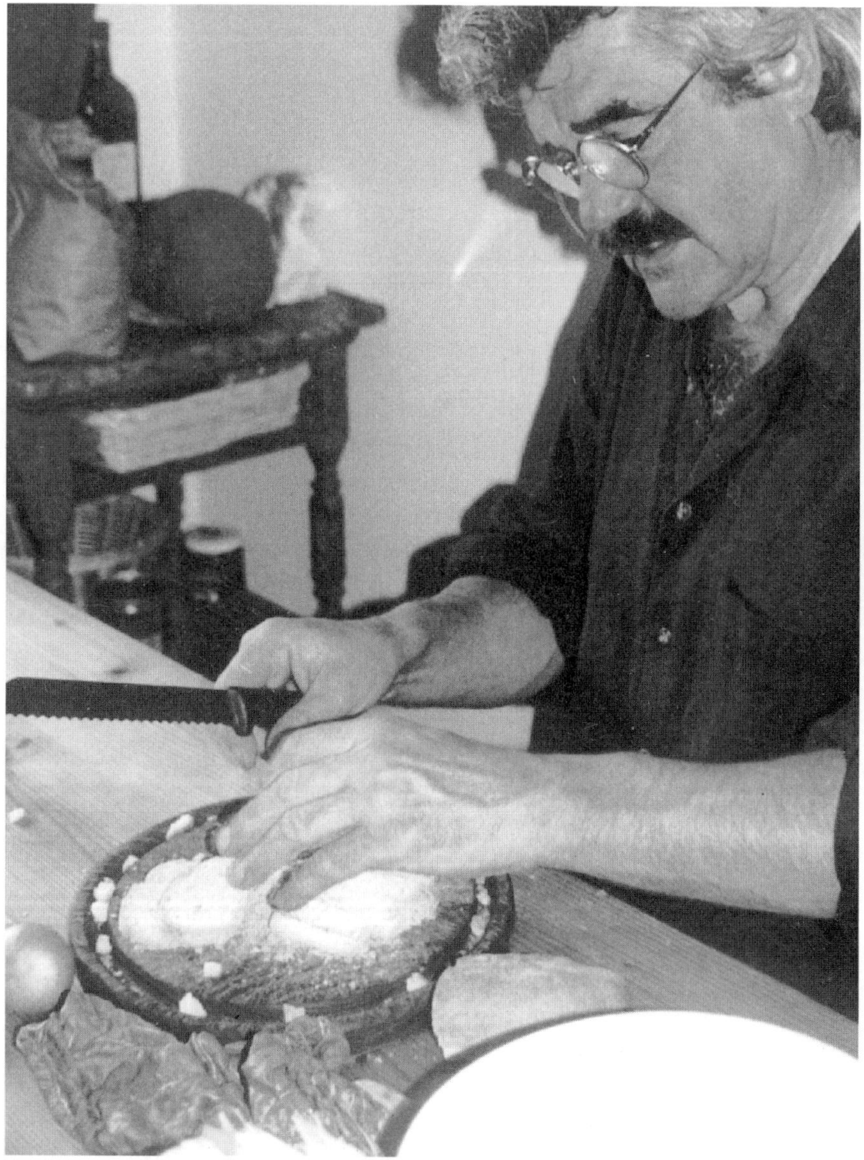

(1) Christian A. Barth: Auf dem Teller wird es bunt, SZ 216 v. 18./19. September 1999

(2) Und davon nicht wenig. Täglich ca. 1,2 kg Genreis müsste ein Mensch verdrücken, um seinen Vitamin-A-Bedarf zu decken. Dies entspricht im gekochten Zustand knapp 3 kg. Dies teilte inzwischen die vom Pharma-Konzern La Roche finanzierte Stiftung Sight and Life mit. SZ v. 23.1.2001.

Zu anderen Zahlen kommt Greenpeace . Die Organisation schätzt, dass nur etwa ein Zwölftel des Provitamins vom Körper aus dem Reis aufgenommen wird. Um die von der WHO empfohlene Menge aufzunehmen, müsste eine erwachsene Frau täglich etwa 9 kg gekochten Reis essen. SZ v. 6.3.2001

Und zum Nachtisch – ideal für Kosmonauten

ROTER HALBMOND

100 g Mehl Type 1050
100 g Hartweizengrieß
2 Eier, Salz
1 kleine mehlige Kartoffel
ca. 200 g Rote Rüben
Semmelbrösel, Mascobado-Vollrohrzucker, Butter
1 Glas Milch
1 guter EL getrocknete Pfefferminze (Pfefferminztee)

Mehl, Hartweizengrieß, Eier, eine gute Prise Salz und eventuell ein wenig Wasser zu einem festen Teig verkneten. Etwa 1 Stunde ruhen lassen. Nochmals kneten, ausrollen, und mit Hilfe eines Untertellers 12 bis 14 cm große Kreise ausschneiden.

Inzwischen Kartoffel und Rote Rüben kochen, schälen, klein schneiden und mit der Gabel (oder dem Kartoffelstampfer) zerdrücken. Leicht salzen. Semmelbrösel in Butter anrösten und so viel davon untermischen, dass eine leicht körnige Masse entsteht. Mit Zucker nicht zu süß abschmecken.

Die Masse auf den Teigkreisen verteilen und diese zu Halbmonden zusammenklappen. Die Ränder gut andrücken.

Eine Reine ausbuttern und die Halbmonde leicht überlappend hintereinander auslegen. Mit so viel Milch aufgießen, dass die Teigtaschen zu drei Viertel bedeckt sind. Butterflocken über die Halbmonde verteilen, Pfefferminze mit den Fingern fein zerreiben und zusammen mit ein wenig Rohrzucker darüber streuen.

Zugedeckt im Ofen so lange backen, bis kaum noch Flüssigkeit vorhanden ist. Kurz bevor sie fertig sind, Deckel abnehmen und überbräunen.

Schmeckt als Hauptspeise oder Nachtisch, sowohl pur als auch mit Kompott oder Vanilleeis.

Vom 1. Schnee bis zum 1. Schnittlauch

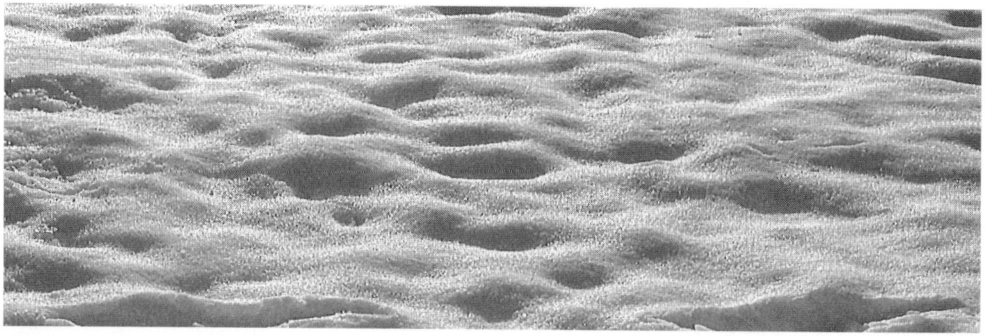

Im Winter hält sich das Angebot an frischem Gemüse ein wenig in Grenzen. Zum einen wächst bei uns kaum etwas, und auf Fruchtgemüse wie Tomaten und Gurken, das selbst im südlichsten Süden nur in beheizten Folientunnels und Glashäusern wächst, können Menschen mit gutem Geschmack und Gespür für ökologische Zusammenhänge gerne verzichten.

Gelagerte Kartoffeln, Kraut, Pastinaken, Lauch, Sellerie, Gelbe, Rote und Steckrüben, Schwarze Rettiche, getrocknete Bohnen, Linsen und Erbsen sind dagegen eine Herausforderung für leidenschaftliche Köchinnen und Köche. Dazu kommt das Wintergemüse aus den Gärten und Feldern unserer Nachbarn in Italien, Frankreich, Ungarn und Spanien. Längere Vegetationszeiten und wärmere Winter sichern in diesen Ländern auch dann ein Angebot an frischem Freilandgemüse, wenn es bei uns mit Broccoli, Blumenkohl, Fenchel und Zichoriensalaten Ende Dezember oder spätestens im Januar endgültig vorbei ist.

Eine abwechslungsreiche Vielfalt an Gemüsen steht also auch im Winter zur Verfügung. Und bis der erste Spinat kommt, die ersten Kohlrabi, die Kräuter und Salate, können wir gar nicht mehr alles essen und ausprobieren, was uns an wunderbaren Gerichten aus Kraut, Rüben, Zichorien und Knollen alles einfällt.

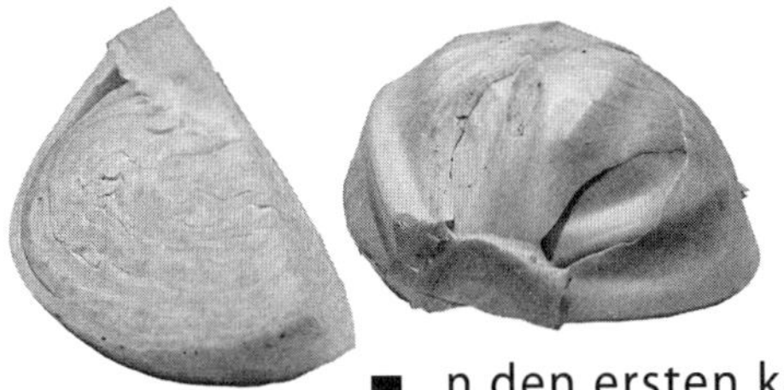

MAHLZEITEN MIT KRAUT

In den ersten kalten und stürmischen Monaten des Jahres ist uns der Kohl ein wichtiger Begleiter. Wirsing, Blaukraut, Weißkraut, Riesenschmelz, Grün- und Schwarzkohl haben eines gemeinsam: Sie sind außerordentlich gesund, strotzen vor Vitamin C und Mineralien.

Eine Portion Krautsalat oder ein Teller mit gedünstetem Grünkohl deckt in der Regel den täglichen Vitamin-C-Bedarf.

Eingelagerte Krautköpfe und Holzbottiche voller Sauerkraut schützten die Menschen im Winter über die Jahrhunderte vor Skorbut und anderen Mangelerkrankungen. So betrachtet dürfte das Überleben der Menschen im Verlauf der Geschichte vielleicht mehr vom Kohl abgehangen haben als von der Politik und irgendwelchen historischen Entscheidungen. Schon der römische Schriftsteller Plinius führte den Verfall des Römischen Reiches auf die heiklen Römer zurück, die, reich und wohlgenährt, nur noch irgendeinen Schnickschnack aus der damaligen Nouvelle Cuisine essen wollten statt Kraut und Rüben.

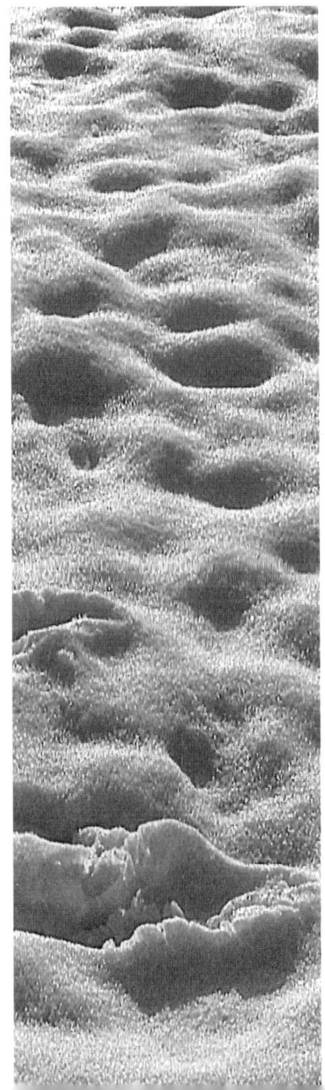

Bunter Wirsing mit Fingernudeln

1 mittelgroßer grüner Wirsing, 2 Gelbe Rüben, 1 Rote Rübe, 1/2 Sellerieknolle, eventuell 1 Petersilienwurzel, Oliven- oder Sonnenblumenöl, Salz, Pfeffer, Muskat, eventuell Weißweinessig, fein gehackte Petersilie

Wirsing vierteln, Strunk herausschneiden und ebenso wie das andere Gemüse in feine Streifen schneiden. Um das Gemüse nicht zu sehr einzufärben, kann man die Streifen der Roten Rübe für kurze Zeit in Wasser legen, damit die Farbe ein wenig auslaugt.

Zuerst die Rübenstreifen in Öl anbraten, dann den geschnittenen Wirsing dazugeben und nur so lange schmoren, bis alles bissfest ist.

Immer wieder durchschaufeln. Salzen, pfeffern und am besten mit frisch geriebenem Muskat würzen. Wer will, kann noch mit ein bisschen Weißweinessig abschmecken.

Mit Petersilie bestreuen und kurz vor dem Servieren erneut durchschaufeln.

Passt gut zu Kartoffelgerichten wie Gnocchi, Bratkartoffeln und Püree und natürlich zu klassischen

G R U N D R E Z E P T

Fingernudeln

ca. 750 g am besten mehlig kochende Kartoffeln, 1 bis 2 Eier, Salz, Pfeffer, getrockneter Majoran, 100 g fein gemahlenes Vollkornmehl (oder Mehltype 1050), Mehl zum Ausrollen, Butterschmalz oder Öl

Kartoffeln kochen, schälen, zerstampfen und mit den verschlagenen Eiern vermengen. Salzen, pfeffern, mit Majoran würzen und so viel Mehl einarbeiten, dass ein formbarer Teig entsteht.

Teig auf einer bemehlten Fläche zu fingerdicken Würsten ausrollen und etwa 8 cm lange Stücke abschneiden. Mit Butterschmalz oder Öl bei sanfter Hitze in der Pfanne goldgelb ausbacken.

Wirsingrouladen

1 Wirsingkopf, Rouladenfüllung (siehe Seite 27), Olivenöl, 1 Glas Weißwein, 1 Glas (ca. 400 g) gehackte Tomaten, 1–2 Knoblauchzehen, Salz, Pfeffer

Den Strunk aus dem Wirsing schneiden und vorsichtig die Blätter ablösen. Grobe Blattrippen ausschneiden und die Blätter in kochendem Wasser etwa 4 Minuten blanchieren. Große Blätter für 8 Rouladen zur Seite legen. Den Rest klein schneiden.

Pro Roulade 2 bis 3 EL Füllung in ein großes Blatt wickeln. Mit einem Zahnstocher fixieren. Rouladen in einem Bräter in Olivenöl rundherum leicht anbraten.

Den Wein dazuschütten, eindampfen lassen und die gehackten Tomaten, den zerdrückten Knoblauch und den restlichen Wirsing dazugeben, falls letzterer nicht für die Füllung gebraucht wird.

Salzen, pfeffern. Die Rouladen im Rohr ca. 30 Minuten bei etwa 200 °C schmoren.

FÜLLUNGEN

ROULADENFÜLLUNG MIT KARTOFFELN UND SELLERIE

1 kleiner Knollensellerie (100–150 g), 2 Kartoffeln, 2 altbackene Vollkornsemmeln, Olivenöl oder Butter, 1–2 Knoblauchzehen, 1 gehäufter EL Mehl, Salz und Pfeffer, nach Geschmack Fenchelsamen

Sellerie sauber putzen, Kartoffeln schälen, alles in Stücke schneiden, weich kochen oder dämpfen und zu einem Püree zerdrücken. (Sellerie ein paar Minuten früher in den Topf geben).

Vollkornsemmeln reiben. Die Brösel in Butter oder Olivenöl zusammen mit dem zerdrückten Knoblauch in der Pfanne anrösten.

Das Püree mit so viel Mehl und Bröseln mischen, dass ein haltbarer Teig entsteht. Salzen, pfeffern. Wer mag, kann mit ganzen Fenchelsamen würzen.

ROULADENFÜLLUNG MIT KNÖDELTEIG UND ALTEM KÄSE

1 altbackene Semmel, ein wenig Milch, 1–2 Eier, restlicher Wirsing, ca. 150 g geriebener Hartkäse (alter Bergkäse, Parmesan o.ä.), 1 Knoblauchzehe, Semmelbrösel, 1 EL getrocknetes Basilikum, Salz und Pfeffer

Die Semmel in heißer Milch einweichen, bis sie zerfällt. Gut ausdrücken.

Eier verschlagen und zusammen mit dem Semmelbrei, dem klein gehackten Wirsing, dem Käse, dem zerdrückten Knoblauch und so viel Semmelbröseln vermengen, dass ein weicher, aber haltbarer Knödelteig entsteht.

Basilikum dazugeben, salzen und pfeffern.

WIRSINGLASAGNE

1 mittlerer Wirsingkopf, Salz, Pfeffer, 1 Dose (ca. 400 g) gehackte Tomaten, 1–2 Zehen Knoblauch, Olivenöl, 250 g Lasagneblätter, Muskat, 150 g geriebener Parmesan (oder anderer würziger Hartkäse), 250 ml Sahne, 3 EL Sauerrahm, Milch

Wirsing zerteilen, Strunk herausschneiden und die Blätter in wenig Wasser bissfest dünsten. Salzen und pfeffern.

Die Tomaten mit zerdrücktem Knoblauch, Salz und Pfeffer würzen. Den Boden einer Auflaufform mit 2 EL Olivenöl ausgießen und mit den Nudelblättern auslegen. Ein paar EL von den Tomaten darauf verteilen.

Den Wirsing klein schneiden und die Hälfte davon über den Nudeln verteilen. Mit Muskat würzen, 2 bis 3 EL geriebenen Käse darüber streuen.

Die Sahne mit dem Sauerrahm und 1/2 Tasse Milch verrühren. Ein Drittel von diesem Guss über den Wirsing schütten.

Alles mit Lasagneblättern abdecken und das Ganze wiederholen. Den Rest der Sahnemilch am Schluss über die oberste Lasagneschicht schütten. Wichtig ist, dass die Lasagneblätter gut mit Flüssigkeit bedeckt sind.

Mit Käse bestreuen. Wer will, kann noch Butterflöckchen aufsetzen. Bei etwa 200 °C im Backrohr etwa 40 Minuten backen. Mit Salat servieren.

Wirsing-Involtini

Wirsing, Mozzarella, frische passierte Tomaten (oder Tomatensoße), Olivenöl, Knoblauch, getrocknetes Basilikum, eventuell Parmesan, Semmelbrösel und Butter

Wirsingblätter in sprudelndem Wasser ca. 4 Minuten blanchieren.

Klein geschnittenen Mozarella auf den Blättern verteilen und leicht salzen.

Kleine Rouladen aufwickeln, mit Holzstäbchen fixieren und in einer Tomatensoße, die mit Olivenöl, Knoblauch und getrocknetem Basilikum gewürzt ist, etwa 1/2 Stunde im Ofen schmoren.

Wer will, kann nach ca. 15 Minuten Garzeit 2 EL Parmesan und 2 EL Semmelbrösel mischen, über die Involtini streuen und Butterflöckchen aufsetzen.

Buchweizenpfannkuchen mit Wirsing und Schafskäse

150 g fein gemahlener Buchweizen, 150 g Weizenmehl Type 1050, Salz, Wasser, Butterschmalz oder Kokosfett, 1 Kopf Wirsing, 1 Zwiebel, Butter oder Olivenöl, 1 Glas Weißwein, Pfeffer, Muskat, 2 Eier, 200 g Sauerrahm, ca. 100 g Schafs-Feta

Gemahlenen Buchweizen mit dem Weizenmehl und etwas Salz mischen und mit Wasser zu einem dünnflüssigen Teig verrühren. 20 Minuten quellen lassen.

Pfanne erhitzen und mit Backfett ausstreichen. Die Pfannkuchen in sehr heißer Pfanne backen und zur Seite stellen.

Wirsing klein schneiden. Zwiebel hacken und in Butter oder Öl glasig dünsten. Wirsing und Wein dazugeben und den Wirsing bissfest weich schmoren. Salzen, pfeffern und mit Muskat abschmecken.

Eine Reine ausbuttern bzw. -ölen. Den Wirsing auf die Pfannkuchen verteilen, diese aufrollen und in die Reine setzen.

Eier verschlagen und mit dem Sauerrahm und dem zerbröckelten Schafskäse vermischen. Diese Eier-Sauerrahm-Soße über die Pfannkuchen gießen und im Ofen bei 180 °C so lange backen, bis alles schön goldbraun ist. Mit Salat servieren.

Wintergemüse mit Pesto

1 gutes Kilo geputztes Gemüse, wie Sellerie, Gelbe Rüben, Kartoffeln, Wirsing, wenn vorhanden Petersilienwurzel, Rosenkohl, Pastinaken; Salz, Pfeffer, fein gehackte Petersilie, Olivenöl, nach Geschmack 1-2 EL Pesto

Am besten wird dieses Gericht in einem großen Topf mit Dämpfeinsatz gegart. Gemüse in mundgerechte Stücke schneiden. So viel Wasser wie möglich in den Topf geben, aber ohne dass das Gemüse im Dämpfeinsatz nass wird.

Sellerie und Gelbe Rüben brauchen ein wenig länger und kommen deshalb zuerst in den den Topf. Nach ca. 5 Minuten Garzeit die Kartoffeln und dann den Wirsing dazugeben. Alles bissfest fertig garen.

Das Gemüse salzen und pfeffern und in eine vorgewärmte Servierschüssel schütten. Fein gehackte Petersilie darüber streuen.

Den im Topf verbleibenden Sud mit einem Schuss Olivenöl und dem Pesto verrühren, eventuell salzen. Den heißen Sud entweder über das Gemüse schütten oder separat zum Gemüse reichen.

Kann als selbständiges Gericht gereicht, aber auch mit Nudeln vermischt oder mit Würsten serviert werden.

WIRSING, GRÜNKOHL, DRACHENZAHN

Der Wirsing ist nicht nur der Zarteste, sondern oft auch der Frischeste unter den Kohlsorten. Im Gegensatz zu seinen glattköpfigen Verwandten verträgt der Krauskopf die meisten Minusgrade. Während Blaukraut und Weißkraut längst im Keller lagern, hält's der Wirsing noch frisch und grün bei unter -10 °C auf dem Acker aus. Und dort bleibt er so lange, bis der Dauerfrost einbricht. Falls er nicht schon vorher in den warmen Kochtopf wandern durfte.

Grünkohl gibt's in verschiedenen Ausführungen. Eine davon ist der Braun- oder Schwarzkohl, der nicht nur deutlich dunkler, sondern auch etwas milder im Geschmack ist. Im Norden Deutschlands schätzt man den Grünkohl und in Italien den Schwarzkohl. Zwischendrin – also bei uns in Bayern – wurde traditionell keiner von beiden gegessen. Herb im Geschmack sind sie beide, und da man hierzulande oft sogar den Salat zuckerte, konnte sich der bayrische Gaumen lange nicht mit ihnen anfreunden. Erst infolge unaufhaltsamer multikultureller Einflüsse gewann in den letzten Jahren der Blattkohl an bayrischem Boden. Seitdem steht uns eine außerordentliche Vitaminbombe zur Verfügung. Denn Grünkohl ist nach dem Paprika das Gemüse mit dem höchsten Vitamin-C-Gehalt (105 mg%) und einer der besten Lieferanten des Provitamins A. Auch wenn er roh verzehrt gewöhnungsbedürftig ist: So ist er am gesündesten. Und mit der Zeit und ein paar Tropfen Öl schmeckt er von mal zu mal besser.

Der Chinakohl schließlich stammt vom „Zahn des weißen Drachen" ab. Und dieser Zahn ist wiederum die Kreuzung zwischen Pak Choi, einem uralten Gemüse aus der chinesischen Yangtse-Region, und einer schlichten Stoppelrübe. Und genauso wie der Wirsing, das Blau- und Weißkraut gehören sie alle zur Kohlfamilie, offenbar einer Familie mit weitreichendem Einfluß und mancherlei Verbindungen. Während aber der europäische Kohl durchaus Blähungen verursachen kann, gehört die chinesischen Verwandtschaft zur leicht verdaulichen Kost. Daher sind die Nachkommen des Drachenzahns mit dem schneidigen Namen „Lung Nga Paak" bestens zum Rohverzehr als knackiger, frischer und vitaminreicher Salat geeignet .

GRÜNKOHL-SALAT

Grünkohl, Salz, schwarzer Rettich, Gelbe Rübe, Essig, Öl, Pfeffer

Grünkohl ganz fein schneiden. Harte Stiele und Blattrippen entfernen. Salzen und mit dem Fleischklopfer o.ä. ein wenig stampfen. Etwa 1/2 Stunde ziehen lassen.

Mit grob geraspeltem schwarzen Rettich und Gelben Rüben vermengen und mit Essig und Öl, Salz und Pfeffer abschmecken.

GEDÜNSTETER GRÜNKOHL

1 kg Grünkohl, Salz, Olivenöl oder Butter, Pfeffer, nach Belieben Sojasoße und Zimt

Harte Stiele und Blattrippen vom Grünkohl wegschneiden. Grünkohlblätter ca. 5 Minuten in kochendem Salzwasser blanchieren.

Abtropfen lassen und grob hacken. In Öl oder Butter bissfest weich dünsten. Salzen und pfeffern. Wer will, kann mit Sojasoße und Zimt abschmecken.

Dazu passen Getreidebratlinge, Kartoffeln und/oder in der Pfanne gebratene Käseknacker.

GRÜNKOHL MIT KASTANIEN

1 kg Grünkohl, Salz, 2 Zwiebeln, Butter, 1/2 l Gemüsebrühe, Pfeffer, 400 g Esskastanien, 1 EL brauner Zucker, 1/8 l Sahne, Muskat

Die Grünkohlblätter wie oben beschrieben putzen, in kochendem Salzwasser blanchieren und grob hacken.

Die fein gewürfelten Zwiebeln in Butter anbraten, den Grünkohl darunter mischen. Gemüsebrühe dazugeben, salzen und pfeffern und alles ca. 35 Minuten bei niedriger Hitze köcheln lassen.

Inzwischen die Esskastanien am spitzen Ende kreuzweise tief einschneiden und ca. 25 Minuten in sprudelndem Wasser kochen lassen, dann abschälen.

In einer kleinen Pfanne Butter zerlassen, den Zucker hineinstreuen und unter Umrühren hellbraun karamellisieren lassen. Die Esskastanien darin wenden und heiß halten.

Die Sahne unter das gare Grünkohlgemüse mischen, mit Muskat abschmecken und die Esskastanien hinzugeben. Dazu passt Kartoffelbrei.

GRÜNKOHLAUFLAUF MIT MANDELN

ca. 1,5 kg Grünkohl, 1 Zwiebel, Butter, 1/2 l Wasser oder Gemüsebrühe, 150 g Mandeln, 100 g Haferflocken, Salz und Pfeffer, 150 g Sauerrahm, ca. 150 g Bergkäse

Grünkohl wie oben beschrieben putzen und klein schneiden. Zwiebel hacken und in Butter glasig dünsten. Grünkohl dazumischen. Mit Wasser oder Brühe aufgießen und etwa 30 Minuten köcheln lassen.

Inzwischen die Mandeln grob hacken und zusammen mit den Haferflocken mit etwas Butter in der Pfanne rösten.

Grünkohl salzen und pfeffern, Haferflocken und Mandeln unterheben. Alles in eine gut ausgebutterte Auflaufform geben.

Sauerrahm mit dem geriebenen Bergkäse vermischen und über den Grünkohl schütten. Butterflöckchen aufsetzen und im vorgeheizten Backrohr etwa 15 bis 20 Minuten bei ca. 200 °C überbacken.

Cavolo nero con fette

Schwarzkohl, Knoblauch, Bauernbrot, Salz und Pfeffer, Olivenöl

Schwarzkohl putzen und in wenig Wasser ca. 30 Minuten weich dünsten und klein hacken. Salzen und pfeffern.

Brotscheiben rösten (oder toasten) und gut mit Knoblauch einreiben, mit Kohl belegen und mit reichlich Öl beträufeln. Zur Vorspeise oder als Imbiss servieren.

Tipp: Man kann den mit Knoblauch geschmorten Schwarzkohl auch unter Spaghetti mischen. Wer will, kann noch ein paar Löffel gehackte Tomaten mitschmoren. Dazu reicht man geriebenen Käse.

Schwarzkohl mit Lammbraten

2-3 Knoblauchzehen, Olivenöl, ca. 600-700 g Schwarzkohl (Grünkohl geht auch), 2-3 EL schwarze Oliven, Salz, Pfeffer

Knoblauch klein hacken und in Olivenöl anbraten (nicht braun werden lassen).

Klein geschnittenen Schwarzkohl und die Oliven (ganz oder entkernt) dazugeben und unter Rühren gut anschmoren. Mit Wasser bissfest weichdünsten. Immer wieder umrühren und ein wenig Flüssigkeit nachgießen.

Salzen und pfeffern. Mit Lammbraten und Bratensoße servieren.

F L E I S C H G E R I C H T

Lammbraten

ca. 500 g Braten (ideal sind Lammstelzen oder ein Schulterbraten), Salz, Pfeffer, Olivenöl, Knoblauch, Zwiebel, 1 Glas Wein, ca. 400 g gehackte Tomaten (Glas)

Fleisch mit Salz und Pfeffer einreiben und in Öl von allen Seiten anbraten.

Klein gehackten Knoblauch und Zwiebel hinzufügen und glasig dünsten. Mit Wein ablöschen und einkochen lassen.

Gehackte Tomaten dazugeben. Das Fleisch bei schwacher Hitze langsam (mindestens 1½ bis 2 Stunden) weich dünsten und zwischendrin immer wieder mit Olivenöl und der Soße einpinseln. Hin und wieder Wasser nachgießen, aber nur so viel, dass nichts anbrennt und die Soße schön dick bleibt.

Brot oder Kartoffeln dazu reichen.

Chinakohlsalat mit Gelben Rüben und Sellerie

1 Gelbe Rübe, 1 halbe Sellerieknolle, Salz, Pfeffer, 1/2 Zitrone, Apfelessig, 500 g Chinakohl, 1 Hand voll Winterpostelein, Sonnenblumen-, Hanf- oder Rapsöl

Gelbe Rübe und Sellerie grob raffeln und mit Salz, Pfeffer, Saft der halben Zitrone und Essig anmachen. Etwa 20 Minuten beizen lassen.

Chinakohl in feine Streifen schneiden und zusammen mit dem Winterpostelein dazugeben. Öl untermischen und das Ganze nochmals abschmecken.

Gebratener Chinakohl mit Ei und Reis

500 g Chinakohl, 1 Zwiebel, Butter oder Olivenöl, 4 Eier, Pfeffer und Salz, Petersilie, Reis

Chinakohl in Streifen schneiden. Zwiebel fein hacken und in Butter oder Öl glasig dünsten, dann den Chinakohl dazugeben. Etwa 10 Minuten unter Rühren braten.

Eier verquirlen, pfeffern, salzen und mit dem Kohl vermengen. Ei nicht stocken, sondern nur anziehen lassen.

Das Ganze mit gehackter Petersilie bestreuen und mit gekochtem Reis servieren.

Chinakohl-Roulade mit Roggen

1 Chinakohlstaude, Butter und Öl, 1 Zwiebel, 20 g fein geschroteter Roggen, Wasser oder Gemüsebrühe, 1/8 l Sauerrahm, Salz und Pfeffer

Große Chinakohlblätter (Strunk ausschneiden) etwa 2 Minuten in kochendem Wasser blanchieren. Pro Blatt 2 bis 3 EL Füllung einwickeln und die Roulade wenn nötig mit einem Zahnstocher fixieren.

Butter-Öl-Mischung in einer Reine erhitzen, die Rouladen hineinsetzen und leicht anbraten.

Zwiebel hacken und in einer separaten Pfanne in Öl oder Butter glasig dünsten. Roggenschrot hinzufügen und alles unter Rühren kräftig anbraten.

Mit ca. 1/4 l Wasser oder Brühe aufgießen und gut 10 Minuten köcheln lassen. Soße absieben, mit Sauerrahm verrühren, zu den Rouladen geben und mit so viel Wasser aufgießen, dass eine sämige Soße entsteht. Salzen und pfeffern.

Rouladen in der Pfanne ca. 30 Minuten zugedeckt bei milder Hitze dünsten.

F Ü L L U N G

Roggenfüllung

100 g ganze Roggenkörner (über Nacht in 1/4 l Wasser eingeweicht), 100 g Butterkäse, 1/2 Bund Petersilie, 1 Knoblauchzehe, 200 g ganz klein gehacktes Gemüse (etwa zu gleichen Teilen Zwiebel, Gelbe Rübe, Sellerie, Fenchel, Chinakohl o.ä.), 1 ganz klein gehackte Kartoffel (ca.70 g), Salz und Pfeffer, nach Belieben 1 TL mittelscharfer Senf

Roggenkörner im Einweichwasser weich garen und abtropfen lassen. Einweichwasser auffangen und zum Aufgießen der Soße verwenden.

Butterkäse klein würfeln, Petersilie und Knoblauch klein hacken.

Roggen, Käse, klein gehacktes Gemüse und Kartoffeln mischen und mit Salz, Pfeffer und nach Belieben mit Senf abschmecken.

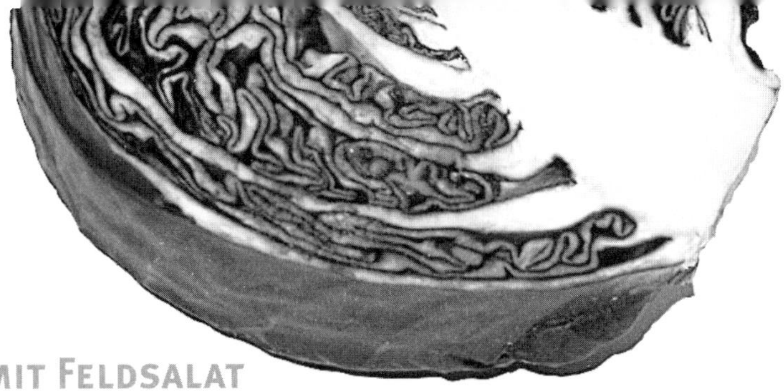

Blaukraut mit Feldsalat

1/2 Kopf Blaukraut, Salz, 1 Zwiebel, 1/2 Staude Zuckerhut, Rotweinessig, Sonnenblumen- oder Hanföl, Pfeffer, ca. 150 g Feldsalat, 2 EL Hanfsamen

Blaukraut vierteln und den Strunk herausschneiden. Das Blaukraut ganz fein hobeln. Salzen und mit dem Fleischklopfer ein wenig stampfen. Etwa 1/2 Stunde ziehen lassen.

Zwiebel fein hobeln, Zuckerhut in Streifen schneiden und beides unter das Blaukraut heben. Mit Essig, Öl und Pfeffer abschmecken.

Feldsalat ebenfalls mit Essig, Öl, Salz und Pfeffer anmachen. Beide Salate nebeneinander anrichten.

Hanfsamen trocken in der Pfanne rösten und über die Salate streuen.

Schnelles Blaukraut

Blaukraut, Sesam- oder Olivenöl, Apfelsaft, Salz, Pfeffer, Sesam nach Belieben

Blaukraut vierteln, Strunk herausschneiden, Blätter klein schneiden.

In einer schweren Pfanne oder im Wok in Sesamöl leicht anbraten. Mit Apfelsaft angießen und so lange dünsten, bis das Kraut den gewünschten Biss hat.

Mit Salz und Pfeffer würzen. Wer will, kann in einer trockenen Pfanne gerösteten Sesam darüber streuen.

Passt zu Getreidebratlingen oder Grünkernbraten; farblich passen dazu wunderbar

GRUNDREZEPT

Gelbe Kartoffelpuffer

4 bis 5 große, gelbfleischige Kartoffeln, Salz, 1 Ei, 1 Eigelb, Pfeffer, Butterschmalz oder Kokosfett

Kartoffeln schälen, grob raspeln. Salzen und etwa 10 Minuten ziehen lassen.

Kartoffeln mit der Hand ausdrücken. Kartoffelwasser auffangen.

Ei und Eigelb verschlagen und mit den Kartoffeln mischen.

Inzwischen hat sich im Kartoffelwasser die Stärke abgesetzt. Wasser abschütten und Stärke unter die Kartoffel-Eier-Mischung mengen. Pfeffern und vorsichtig salzen. (Wer keine Verwendung für das übrig gebliebene Eiweiß hat, kann es ebenfalls dazumischen).

Butterschmalz oder Kokosfett in der Pfanne erhitzen. 1 gut gehäuften EL Kartoffelmasse pro Puffer hineinsetzen, kurz anbraten lassen und dann mit dem Löffelrücken flach drücken. Beidseitig schön goldgelb ausbacken.

Blaukrautsalat mit Meerrettich und Preiselbeeren

Blaukraut, Salz, Essig, Öl, Meerrettich (aus dem Glas) und Preiselbeermarmelade

Blaukraut fein hobeln, vorsichtig salzen und mit dem Fleischklopfer ein wenig stampfen. Ca. 1/2 Stunde ziehen lassen.

Mit wenig Essig und Öl anmachen und mit Meerrettich und Marmelade abschmecken. Als Vorspeise servieren. Abgeröstete Knödel passen gut dazu.

Winterrolle mit frischem Blaukraut

1 Kopf Blaukraut, 1 Gelbe Rübe, 1 Zwiebel, Petersilie, Salz und Pfeffer, reichlich Kümmel und Majoran, einfacher Quarkteig (siehe unten), eventuell 1 Eiweiß, Kokosfett oder Butterschmalz zum Frittieren oder Ausbacken

Blaukraut, Gelbe Rübe und Zwiebel in feine Streifen hobeln. Petersilie klein hacken und dazugeben. Das Gemüse salzen, pfeffern und mit einem Fleischklopfer gut stampfen.

Kümmel und Majoran in den Quarkteig kneten und diesen auf einer bemehlten Fläche ausrollen (etwa 1 cm stark). Rechtecke von ca. 8 x 12 cm ausschneiden, mit dem Kraut belegen und wie Frühlingsrollen aufrollen. Eventuell die Ränder mit Eiweiß einstreichen und gut zusammendrücken.

Die Rollen in Kokosfett oder Butterschmalz knusprig braun frittieren oder bei mäßiger Hitze in der Pfanne backen.

Entweder mit Sauerrahm und Salat servieren oder warm oder kalt zu einer Kartoffel- bzw. Gemüsesuppe. Oder zum Eintunken mit einer Mischung aus Sojasoße, Essig und Wasser reichen.

G R U N D R E Z E P T

Einfacher Quarkteig

ca. 250 g Weizenmehl (am besten je zur Hälfte frisch gemahlenes Vollkornmehl und Type 1050), 100 g Speisequark, 1 Ei, Salz, Gewürze nach Bedarf

Alle Zutaten vermischen und zu einem gut formbaren Teig durcharbeiten. (Wenn der Teig zu trocken ist, mehr Quark einarbeiten, wenn er zu klebrig ist, dann mehr Mehl.) Teig 1/2 Stunde kühl ruhen lassen.

Blaukraut-Rouladen mit Kürbisfüllung

1 Kopf Blaukraut, Essig, Kürbisfüllung (siehe unten), 2-3 Zwiebeln, Butter, Olivenöl, 1 Glas Weißwein, Wasser oder Gemüsebrühe, Salz, Pfeffer, 2-3 EL Kürbismus

Größere Blaukrautblätter mit einem Schuss Essig in kochendem Wasser ca. 5 bis 6 Minuten blanchieren.

Blaukrautblätter auslegen, Kürbisfüllung darauf geben und zu Rouladen aufwickeln. Mit einem Zahnstocher fixieren.

Zwiebeln achteln, in einer Butter-Öl-Mischung glasig anbraten und die Rouladen dazugeben. Mit Weißwein ablöschen.

Sobald der Wein eingedampft ist, mit so viel Wasser oder Brühe aufgießen, dass die Rouladen gerade bedeckt sind. Salzen und pfeffern. Im geschlossenen Topf etwa 20 Minuten zusammen mit dem Kürbismus dünsten.

Rouladen warm halten. Die Soße gut verrühren, abschmecken und auf die gewünschte Konsistenz verdünnen.

Mit einem bitteren gemischten Salat (Zuckerhut, Radicchio, Chicorée, Endivien) servieren. Dazu passt eine Polenta.

FÜLLUNG

KÜRBISFÜLLUNG

1 Kürbis (Hokkaido oder Butternut), 3–4 EL Sonnenblumenkerne, 1 Ei, Semmelbrösel, Salz, Muskat, Pfeffer, nach Belieben Zimt und/oder 50 g Amarettoplätzchen

Kürbis in Stücke schneiden, die faserigen Teile herauskratzen. Den Backofen vorheizen und den Kürbis ohne Fett so lange backen, bis er weich ist. Dann das Kürbisfleisch von der Schale lösen.

Sonnenblumenkerne trocken in der Pfanne rösten (nicht braun werden lassen) und grob hacken.

Den Kürbis mit einer Gabel zerdrücken, harte und faserige Teile entfernen. 2 bis 3 EL Kürbismus für die Soße zur Seite stellen.

Kürbis mit dem Ei vermengen und so viel Semmelbrösel dazugeben, dass ein lockerer, gut formbarer Teig entsteht.

Die gehackten Sonnenblumenkerne untermischen und das Ganze mit Salz, einer guten Prise Muskat und Pfeffer aus der Mühle abschmecken. Nach Belieben kann die Füllung auch noch mit Zimt oder mit zerbröselten Amarettoplätzchen angereichert werden.

WEISSKRAUTNOCKEN

1 kleiner Weißkrautkopf, Salz, Butter, 6 EL Semmelbrösel, 2 Eier, Weizenmehl, Salz, Pfeffer

Das Kraut sehr fein hobeln, salzen und ca. 1/2 Stunde beizen lassen. Dann mit etwa der Hälfte des beim Beizen ausgetretenen Wassers so lange in Butter schmoren, bis alle Flüssigkeit verdampft ist.

Die Hälfte der Semmelbrösel einrühren. Alles abkühlen lassen. Die verschlagenen Eier und so viel Mehl dazugeben, dass ein gut formbarer Teig entsteht.

Auf einer bemehlten Fläche den Teig zu etwa 3 cm dicken Strängen ausrollen und etwa 5 cm lange Stücke abschneiden. Zu Nocken formen. In siedendem Wasser so lange garen, bis sie hochkommen und sich umdrehen.

Inzwischen die Semmelbrösel in der restlichen Butter anrösten. Die gegarten Nocken in den Bröseln wälzen. Mit Salat servieren.

KRAUTGERSCHT

Weißkraut, Salz, Weißweinessig, Sonnenblumenöl, Pfeffer, weich gegarte Gerstenkörner

Weißkraut hobeln, salzen, ziehen lassen und leicht ausdrücken. Körner untermischen und mit Essig, Öl und Pfeffer anmachen.

Dieses Gericht kommt aus Tirol und wurde früher als so genannte „Vorricht" vor fast jeder Mahlzeit gegessen. In der Regel bestand es aus Sauerkraut und weich gekochten Gerstenkörnern.Vor allem im Sommer wurde die Gerscht unter einen Krautsalat gemischt.

Weisskrautauflauf mit Polenta

1 Kopf Weißkraut (ca. 1 kg), Salz, 2 Gelbe Rüben, 3 EL weiche Butter, 2 Knoblauchzehen, 300 g Schafskäse, schwarzer Pfeffer, Polenta

Weißkraut in 4 Teile schneiden (Strunk entfernen), auseinander blättern und in brodelndem Salzwasser 4 bis 5 Minuten blanchieren. In grobe Stücke oder Streifen schneiden.

Gelbe Rüben in Scheiben schneiden, in einer Reine 1 EL Butter zerlassen, die Gelben Rüben leicht anschmoren und mit wenig Wasser bissfest weich dünsten. Kraut klein schneiden und zu den Rüben geben. Eventuell etwas Wasser hinzufügen (das Gericht soll saftig, aber nicht suppig sein).

Inzwischen den Backofen vorheizen. Zerdrückten Knoblauch, weiche Butter und Schafskäse vermischen und mit ein paar Löffeln Kochwasser flüssig-cremig rühren. Pfeffern, eventuell salzen, aber vorsichtig, da der Schafskäse schon sehr salzig sein kann.

Die Creme über die Kraut- und Rübenmischung verstreichen und alles ca. 20 Minuten bei etwa 200 °C garen.

Auf vorgewärmte Teller ungefähr 1 cm dick die Polenta verstreichen und jeweils eine Portion Auflauf darauf verteilen.

G R U N D R E Z E P T

Polenta

300 g Maisgrieß, Salz, ca. 1,5 l Wasser,

Maisgrieß unter Rühren in das kochende Salzwasser einstreuen und bei wenig Hitze in etwa 1/2 Stunde zu einem weichen Brei kochen. Immer wieder umrühren

Smacafam mit warmem Krautsalat

Polentabrei aus 300 g Maisgrieß, 1 Kopf (ca. 1 kg) Weißkraut, 1/4 l Wasser, ca. 6 EL Apfelessig, Kümmel, Sonnenblumenöl, Pfeffer, 4 Schweinsbratwürste

Polenta wie oben beschrieben zubereiten. Weißkraut fein hobeln, salzen und mit dem Fleischklopfer ein wenig stampfen.

1/4 l Wasser mit Essig und Kümmel aufkochen, Kraut dazugeben und kurz aufkochen lassen. Zur Seite stellen und ca. 15 Minuten stehen lassen. Dann mit Öl und Pfeffer abschmecken

Schweinsbratwürste kalt und mit so wenig Wasser aufsetzen, dass sie gerade bedeckt sind, und langsam zum Kochen bringen. Die heiße Wurstbrühe in die Polenta einrühren und diese zusammen mit den gekochten Würsten und dem Krautsalat servieren.

Smacafam ist ein uraltes Gericht aus dem Trentino, und man versteht darunter eigentlich einen dicken Polentabrei, der außer mit Wurst noch mit reichlich Speck gekocht wird und in dieser üppigen Ausführung früher an Fasching gegessen wurde. Im angrenzenden Südtiroler Unterland ist der „Plent" mit Schweinswurst und Krautsalat ein traditionelles Ernteessen. Bevor sich der Mais, der in Tirol „Tirggen" (Türkenkorn) genannt wird, durchsetzte, wurde der Smacafam aus Buchweizen- oder grobem Roggenschrot hergestellt.

LA BELLA POLENTA

Die Polenta gehört eigentlich nicht ins Repertoire der bayrischen Küche. Zwar wird Mais hier seit der Mitte des letzten Jahrhunderts in einer uferlosen Menge angebaut, aber fast ausschließlich als Viehfutter, nämlich entweder als Körnermais für die Schweine oder als Silomais für die Rinder. Die Unmengen von Silomais dienen nach den Grundsätzen einer „ordnungsgemäßen Landwirtschaft" einer soliden Überproduktion von Milch, Bullenfleisch, Milch und noch mal Milch.

Für die menschliche Ernährung ist der bayrische Silomais meist nicht zu gebrauchen. Das wärmeliebende Indianerkorn reift nämlich nur an sehr sonnigen, geschützten Standorten vollständig genug aus, um zu einem qualitativ brauchbaren Mehl oder Grieß verarbeitet werden zu können. Dennoch gibt es einige Landwirte, die den Mais als Hackfrucht in einer ökologischen Fruchtfolge schätzen und Körnermais für die Herstellung von Polentagrieß an klimatisch begünstigten Flächen anbauen. Vielleicht wächst mit dem steigenden Bioanbau die Chance, dass der Mais nach dem Umweg über die Futtertröge auch bei uns noch dort landet, wo er eigentlich hingehört, und zwar im Kochtopf!

Schließlich ist er längere Umwege gewohnt. Urspünglich hat ihn Kolumbus aus Amerika mitgebracht, aber keine große Begeisterung damit geerntet. Erst musste der Mais von Spanien nach Asien wandern und von dort zurück. In die europäischen Kochtöpfe kam er zuerst als Kukuruz auf dem Balkan, dann als Plenten, Plent oder Polenta in Österreich und Italien. Im 18. Jahrhundert wurde er zur Grundlage eines raschen Bevölkerungswachstums. Allerdings wird aus einem Maisgericht nur dann eine vollwertige Mahlzeit, wenn andere Zutaten seinen mangelhaften Eiweißgehalt ausgleichen. Das lebensnotwendige Niacin ist im Mais nur in einer Form vorhanden, die vom Menschen nicht aufgeschlossen werden kann. Idealpartner sind Bohnen, und zusammen mit ihnen entwickelt sich die Polenta zum Superlativ einer vollwertigen, gesunden Mahlzeit. Aber auch Milchprodukte oder ein wenig Fleisch können die notwendige Ergänzung für die „bella Polenta" liefern. Gibt's noch reichlich Gemüse, ein gutes Öl und Salat dazu, sind wir bestens bedient.

Kalte Polenta kann man überbacken und in Scheiben geschnitten grillen, frittieren oder rösten. Da in unserem Wissens und Informationszeitalter sowieso kein Mensch einen Nerv zum aufwändigen Kochen mehr hat, entspricht die Polenta perfekt den intellektuellen Herausforderungen einer modernen Küche. Sie ist leicht anzurühren, und man kann eigentlich nichts falsch machen. Das bisschen Rühren im goldenen Brei schenkt kreative Ruhe und meditative Entspannung.

Scheiterhaufenkraut

1 großer Kopf Weißkraut, Salz, Butter, Olivenöl, Füllung (siehe unten), etwa 1/2 l Gemüsebrühe

Krautkopf vierteln, Strunk herausschneiden, in einen großen Topf legen und in Salzwasser zum Kochen bringen.

Sobald das Wasser kocht, das Kraut herausnehmen und auseinander blättern. Die dicken Rippen herausschneiden.

Eine Bratreine mit einer Mischung aus Butter und Öl ausstreichen und mit Krautblättern auslegen. Dann abwechselnd eine Lage Füllung, eine Lage Kraut usw. hineinlegen. Die letzte Schicht besteht aus Krautblättern. Mit Gemüsebrühe auffüllen.

Zugedeckt etwa 30 Minuten bei milder Hitze garen. Nach Belieben kurz übergrillen, damit die Krautblätter schön golden überbräunt sind. Mit einem scharfen Messer in viereckige Stücke schneiden.

FÜLLUNGEN

Reis-Rosinen-Füllung

150 g ungeschälter Reis, 500 g Zwiebeln, Olivenöl, 25 g Sonnenblumenkerne, 2-3 EL Tomatenmark, 20 g Rosinen (etwa 1 Stunde vorher einweichen), Salz und Pfeffer, Zimt, Nelkenpulver

Reis garen. Inzwischen die Zwiebeln klein hacken und in Öl goldgelb braten.

Sonnenblumenkerne trocken in einer Pfanne rösten, dann zusammen mit dem Reis und dem Tomatenmark zu den Zwiebeln geben. Alles etwa 5 Minuten braten und immer wieder gut durchschaufeln.

Die Rosinen dazugeben und mit Salz und Pfeffer, Zimt und Nelken abschmecken.

Füllung mit Hackfleisch

200 g Zwiebeln, 300 g Hackfleisch, 80 g Reis; die restlichen Zutaten wie oben bei Reis-Rosinen-Füllung

Zwiebeln hacken und braten, Hackfleisch dazugeben und das Ganze unter Rühren so lange braten, bis es krümelig und trocken ist. Weiter wie oben.

KRAUTBANDNUDELN MIT KARTOFFELN UND TOMATEN

1 ca. 1,5 kg schwerer Weißkrautkopf, 4–5 fest kochende Kartoffeln, Olivenöl, ca. 400 g geschälte Tomaten mit etwa 250 g Einwaage (im Sommer frische Tomaten verwenden), Majoran, Salz und Pfeffer, Parmesan oder anderer Hartkäse

Den Krautkopf vollkommen entblättern. Die Blätter portionsweise im kochendem Wasser ca. 4 Minuten blanchieren. Abtropfen lassen. Erst die harten Rippen aus den Blättern schneiden und dann die Blätter wie Bandnudeln in breite Streifen schneiden.

Die Kartoffeln dämpfen.

Das Olivenöl in einem großen Topf erhitzen. Die Tomaten in größere Stücke zerteilen und zusammen mit dem Saft in den Topf geben, ein wenig einschmurgeln lassen und gut mit Majoran, Salz und Pfeffer würzen.

Kartoffeln in kleine Würfel schneiden und zusammen mit den Krautnudeln zu den Tomaten geben. Sobald die Nudeln wieder richtig heiß sind, servieren. Geriebenen Käse dazu reichen.

Man kann die Krautnudeln auch ohne Kartoffeln und Tomaten mit klein geschnittenem Wammerl wie Schinkennudeln servieren. Oder wie „Pasta aglio e olio", oder mit Streifen von Gelben Rüben, Zucchini u.ä.

KRAUTNUDELN AL FORNO MIT GERÖSTETEN BRÖSELN

Die Nudeln wie beschrieben herstellen. 1 Becher Sauerrahm darauf verteilen und das Ganze im Backrohr so lange backen, bis der Rahm schön angebräunt ist.

Wer will, kann auch noch ein wenig geriebenen Schafskäse unter den Rahm rühren. Servieren und geröstete Brösel dazu reichen.

GRUNDREZEPT

GERÖSTETE SEMMELBRÖSEL

Die Hälfte der Semmeln reiben, die andere Hälfte ganz klein würfeln.

Knoblauch fein hacken und in Butter oder Olivenöl anschwitzen. Nicht braun werden lassen! Wer will, kann kleine, scharfe Peperoni mit anbraten (wieder herausfischen!).

Dann die Brösel dazugeben und knusprig rösten. Je nach Gericht können die Brösel entweder mit getrocknetem Basilikum, Oregano, Majoran usw. aromatisiert werden. Die Gewürze am Schluss unter die noch warmen Brösel mischen. Klein gehackte Petersilie passt immer dazu.

Damit sie nicht aufweichen, streut sich jeder bei Tisch die Brösel selbst über die Mahlzeit.

KRUMEN, BROT UND BRÖSEL

Semmelbrösel und Knödelbrot sind eine optimale Resteverwertung. Für Füllungen, zum Gratinieren und Panieren von Gemüse sind sie unentbehrlich. Im Allgemeinen aber werden bei uns Brot und Brösel zur Herstellung von Hauptgerichten und Beilagen viel zu wenig verwendet. Schade und eine Riesenverschwendung, vor allem, wenn wir mit altbackenem Biobrot ein hochwertiges Lebensmittel über die Komposttonne entsorgen.

Typische Brotgerichte, wie z. B. eine Brotsuppe, kennen wir alle, aber essen sie kaum noch. Hier können wir viel aus der südländischen Küche lernen, wo die Aqua cotta (gekochtes Wasser) mit gerösteten Brotscheiben und verschiedenstem Gemüse vom Arme-Leute-Essen zu einer berühmten Spezialität geworden ist.

Aus der süditalienischen Arme-Leute-Küche kennen wir auch die Verwendung von Brotbröseln und Brotkrumen anstelle von Fleisch oder Käse. Es gibt Nudelgerichte, deren wichtigste Zutat zerbröseltes Brot ist, das in Olivenöl mit zerdrücktem Knoblauch, Basilikum und Peperoni aromatisiert und geröstet wird. Die goldbraunen, knusprigen Krumen werden wie Parmesan über die Spaghetti gestreut. Ein Schuss Öl und oft auch zerhackte Sardellen oder Gemüsestreifen können die Bröselpasta noch abrunden. In Süditalien nimmt man dazu ein aus Hartweizen gebackenes Brot wie „Pane pugliese" und nicht das ungesalzene Weißbrot, wie es oft zum Essen serviert wird. In der Regel wird dieses Brot mit der Hand zerbröselt und dafür vorher eingeweicht und nochmal im Ofen gebacken. Dies ergibt eine ganz andere Krümelstruktur als bei den auf der Reibe fast mehlig geriebenen Semmelbröseln. Allerdings ist das ein Arbeitsaufwand, der einer Küche, die einfach und schnell sein soll, nicht zugemutet werden kann. Um aber einen besseren Biss bei den Bröseln herzustellen, kann man auch ganz klein gewürfelte Semmeln dazumischen.

Verwenden kann man prinzipiell alles, was an Brot übrigbleibt. Ideal sind helle Vollkornsemmeln und grobes Weißbrot wie ein Ciabatta. Auch kräftiges Roggenvollkornbrot schmeckt, zerbröselt und geröstet, hervorragend in der heißen Suppe, oder mit Honig und Butter karamellisiert als rieselfähiger Krokant zum Sahnequark (siehe Rezept Seite 177).

RADICCHIO ZUCKERHUT CHICORÉE

Lauter knackige Verwandte. Zartbitter und unverwechselbar frisch im Geschmack runden sie unser winterliches Salatbuffet farbenfroh ab. Dunkelrot bis violett präsentiert sich der Radicchio, grün der Endivien, grüngelb der Zuckerhut und weiß mit buttergelben Spitzen leuchtet der Chicorée.

Wegen ihrer Bitterkeit wurden sie lange Zeit nur von Liebhabern geschätzt. Während in den mediterranen Ländern sogar die Wildformen hoch begehrt sind, spielten diese Blattsalate – bis auf den Endivien – bei uns traditionell keine große Rolle. Bekannt war lediglich ihre Verwandte, die Kaffeezichorie. Der Sud ihrer gerösteten Wurzel war als „Muckefuck" in aller Munde.

Ihre gemeinsame Stammpflanze ist die wilde Zichorie. Diese heimische Wildform kennen wir als blau-blühende Wegwarte, die einst „an jedem Weg auf dich warte-te", wie schon Pfarrer Kneipp bemerkte, „um dich gesund zu machen". Aus ihren Blättern wurde früher ein bitterer Salat gemischt. Inzwischen wartet sie nur noch hier und da auf uns, und wir sollten sie besser in Ruhe lassen.

Die Zichoriensalate sind durch ihren Reichtum an dem Bitterstoff Intybin gesundheitlich besonders wertvoll. Dieser Bitterstoff wirkt stimulierend auf den Stoffwechsel, er unterstützt Leber, Galle, Bauchspeicheldruse, Darm und Blutgefäße. Viele schätzen ihn als Magenmittel, und tatsächlich haben diese Bittersalate sowohl appetitanregende als auch verdauungsfördernde Wirkung.

Sie können deshalb auch an Stelle eines Magenbitters gereicht werden. Im übrigen sind sie reich an Vitaminen (B-Komplex und C). Besondere Erwähnung verdienen die Mineralien Kali, Kalzium, Eisen und Phosphor. Die Bittersalate zählen zum wertvollsten und gesündesten Gemüse. Da sie kalorienarm sind, können sie auch in der Diätküche großzügig eingesetzt werden. Sie schmecken nicht nur roh, sondern auch geschmort, gegrillt und gebraten und passen gut zu Nudeln Reis, Bratkartoffeln oder Kässpätzle.

Kenner schätzen das Bittere! Wer das nicht mag, kann den Salat warm waschen. Er verliert dadurch rasch an Bitterkeit, aber natürlich auch an Vitaminen. Empfohlen wird diese Behandlung deshalb nur für Unbelehrbare und auch nur für den Anfang einer geschmacklichen „Umerziehung".

Am einfachsten und gesündesten ist es natürlich, die Salate roh zu essen. Bestens eignen sich dazu Chicorée und Radicchio, die lediglich aufgeblättert, halbiert oder geviertelt zum festen Bestandteil der Brotzeit gehören sollten. Ideal sind sie auch als Zwischenschicht aufs Käse- oder Wurstbrot. Gute Zähne benötigt man beim Rohverzehr von Endivien und vor allem Zuckerhut. Wer da passen muss, sollte die Staude einfach klein schneiden oder rupfen.

Radicchio-Endivien-Salat

Radicchio, Endivien, Essig, Öl, Salz, Pfeffer, etwas Knoblauch

Jeweils die gleiche Menge Radicchio und Endiviensalat klein schneiden und mit Essig, Öl, Salz, Pfeffer und einer Spur Knoblauch anmachen.

Gut passen zu bitteren Salaten halbierte gekochte Eier.

Radicchio in Weinteig

2 gehäufte EL Mehl, 1 Ei, 1–2 zerquetschte Knoblauchzehen, 1 Schuss Weißwein, 2 Köpfe Radicchio, Butter oder Öl, Salz, Pfeffer, Saft von 1 Zitrone

Aus dem Mehl, Ei, Knoblauch und Wein einen dünnflüssigen Weinteig herstellen.

Radicchioköpfe durch den Strunk in der Mitte teilen und von jeder Hälfte eine fingerdicke Scheibe schneiden, die durch den Strunk zusammengehalten wird (Rest als Salat verwenden). Die Scheiben vorsichtig, damit sie nicht auseinander fallen, auf einer Seite in Butter anbraten. Dann wenden, salzen, pfeffern und mit Zitronensaft beträufeln.

Weinteig so über den Radicchio schütten, dass der Teig gut zwischen den Blättern verläuft. Sobald der Teig etwas anstockt, die Scheiben wenden und jetzt die Rückseite salzen, pfeffern, mit Zitronensaft beträufeln und mit Weinteig begießen.

Die Scheiben fertig braten, bis der Teig knusprig und fest ist. Am Ende noch einmal mit Zitronensaft beträufeln.

Passt solo als Vorspeise, oder mit Kartoffeln oder Reis als Hauptgericht.

Radicchio in Zwiebelbeize

1 Kopf Radicchio, Olivenöl, 2 Zwiebeln, nach Belieben 1 TL Kapern, Rotweinessig, Salz und Pfeffer, Saft von 1 Zitrone

Radicchio achteln und in Olivenöl etwa 10 bis 15 Minuten anschmoren. Beiseite stellen.

Zwiebeln in Ringe schneiden und im gleichen Öl (eventuell zusammen mit einem Teelöffel Kapern) bissfest weich dünsten. Mit Rotweinessig ablöschen, pfeffern und salzen und mit Zitronensaft abschmecken.

Die Zwiebeln auf dem Radicchio dekorativ anrichten und nach Bedarf mit Olivenöl beträufeln. Mindestens ein paar Stunden, am besten einen Tag kühl beizen lassen.

Als Vorspeise mit geröstetem Brot servieren oder als kalte Beilage zu Reis, Bratlingen oder gebratenem Fleisch.

Radicchio mit Speck

1 Kopf Radicchio, 2 große Zwiebeln, 100 g Wammerl (geräucherter Bauchspeck), 2–3 Knoblauchzehen, Olivenöl, Salz und Pfeffer

Radicchio und Zwiebeln achteln, Speck klein und Knoblauch feinblättrig aufschneiden.

Speck und Zwiebeln in Olivenöl glasig anbraten, dann Knoblauch und zum Schluss Radicchio dazu. Noch weitere 5 Minuten braten und ein paar Mal durchschaufeln. Salzen und pfeffern.

Als Hauptgericht mit Kartoffeln, Reis oder Rührei servieren. Passt als Beilage auch zu Würsten oder Koteletts.

Radicchio mit Nudeln

400 g kurze Nudeln wie Hörnchen, Penne oder kleine Muscheln; Rest wie oben

Zubereitung wie oben. Nur den Radicchio kleiner schneiden. Nudeln al dente kochen. Den gebratenen Radicchio gut mit den Nudeln vermischen. Der Speck kann auch weggelassen werden. Dafür geriebenen Parmesan oder anderen Hartkäse dazu reichen.

Nocken mit Radicchio oder Endivie

1 kleiner Kopf Radicchio oder Endivie, Butter, Salz, Pfeffer, 6 EL Semmelbrösel, Weizenmehl, 2 Eier

Radicchio oder Endivie klein schneiden und in Butter bissfest weich dünsten. Salzen und pfeffern.

Dann wie bei Krautnocken (siehe Seite 35) beschrieben mit den restlichen Zutaten zu Nocken verarbeiten und in köchelndem Wasser gar ziehen lassen.

Mit heißer Butter beträufeln und mit Käse bestreuen. Mit Salat servieren.

Als eine besondere Spezialität gilt übrigens die Radicchiowurzel. Sie ist besonders bitter und aromatisch und kommt klein geschnitten aufs Brot oder in die Salatsoße. Aber Vorsicht bei Einladungen: Nur Liebhaber bringt sie ins Schwärmen. Den Unerfahrenen „ziagt´s d´Schuah aus". Also besser warnen.

Endiviensuppe mit roten Bohnen

200 g getrocknete Bohnen (Käfer-, Wachtel- oder Azukibohnen), Kartoffeln, 1/2 Sellerie, 1 Gelbe Rübe, ca. 1 kg Endivien, eventuell 2 Knoblauchzehen, Butter und/oder Olivenöl, Salz, Pfeffer

Bohnen waschen und über Nacht einweichen. Im Einweichwasser auf kleiner Flamme weich kochen. Kann über 1 Stunde dauern.

Inzwischen die Kartoffeln und ebenso das Wurzelgemüse schälen und klein würfeln. Knoblauch kleinblättrig aufschneiden.

Die Gemüsewürfel in Öl oder Butter anrösten, Knoblauch dazugeben und mit ein wenig Wasser aufgießen. Gemüse bissfest dämpfen.

Den Endiviensalat putzen, Strunk herausschneiden, grob zerkleinern (am besten zerrupfen), zum Gemüse geben und unter Rühren nur kurz andämpfen lassen.

So viel Wasser und Bohnen (Kochwasser mitverwenden) dazugießen, dass eine schöne Suppe entsteht. Die Suppe salzen und gut pfeffern und noch einmal aufkochen lassen.

Wer will, kann die Suppe bei Tisch noch mit ein Paar Tropfen Olivenöl aromatisieren.

Das folgende Rezept kommt aus der jüdischen Küche und wird gerne mit Hühnerfleischküchlein gegessen.

Endivien aus der Pfanne

1 Kopf Endiviensalat, etwas Olivenöl oder Butter, Salz, Pfeffer, Zitronensaft

Die äußeren, harten Blätter wegputzen und die Endivienstaude je nach Größe halbieren oder vierteln.

Die Salatteile gut waschen und in Olivenöl (oder Butter) unter Wenden bei nicht zu starker Hitze langsam braten, bis alle Seiten schön braun sind. Salzen und pfeffern. Nach Belieben mit Zitronensaft beträufeln.

Passt sehr gut zu Gemüsebratlingen, Fleischpflanzerln oder kurz gebratenem Fleisch. Auch gut als Suppeneinlage in klarer Gemüsebrühe oder Tomatensuppe.

FLEISCHGERICHT

Hühnerfleischküchlein

Hühnerfleisch, Semmelbrösel, Ei, Salz, Pfeffer, Zimt, Tomatensoße

Gebratenes Hühnerfleisch (z. B. Bratenrest vom Vortag) klein hacken und mit ein paar Löffeln Semmelbröseln und Ei mischen, bis ein formbarer Teig entsteht.

Salzen und pfeffern und mit einer guten Prise Zimt würzen.

Küchlein formen und von beiden Seiten braten. Einfache Tomatensoße herstellen, die Küchlein darin wärmen und in der Soße servieren.

FLEISCHGERICHT

ENDIVIEN-BLUTWURST-RAVIOLI MIT GEBRATENEN ZWIEBELN

nach Belieben ein wenig Speck, 1 frische Blutwurst, 1/2 Kopf Endivien, Salz, Pfeffer, Majoran, Nudelteig, 1 Eiweiß, 2 mittelgroße Zwiebeln (noch besser sind eine Hand voll Schalotten), Butterschmalz (oder Butter-Öl-Mischung), Butter, Petersilie

Speck fein würfeln und in der Pfanne glasig braten. Blutwurst aus der Haut pellen und zerbröckeln.

Endivien putzen, fein hacken und mit der Blutwurst zum Speck in die Pfanne geben. Gut durchbraten. (Der Speck kann weggelassen werden, wenn in der Wurst schon sehr viele Speckwürfel sind.)

Vorsichtig salzen und nach Belieben kräftig mit Pfeffer und Majoran nachwürzen.

Teig zubereiten wie unten. Dann mit einer umgestülpten Tasse oder einer Plätzchenform aus dem ausgerollten Teig Kreise schneiden. In die Mitte der Kreise so viel Füllung setzen, dass sie noch gut umgeklappt werden können. Die Ränder am besten mit Eiweiß anfeuchten und beim Zusammenklappen leicht festdrücken.

Zwiebeln achteln und in Butterschmalz (oder Butter-Öl-Mischung) schmoren, bis sie schön goldbraun sind.

Inzwischen die Ravioli in siedendem Wasser garen. Sie sind fertig, sobald sie nach oben steigen. Herausnehmen und gut abtropfen lassen.

Butter in einer kleinen Pfanne schmelzen, salzen und mit Majoran würzen.

Die Ravioli zusammen mit den gebratenen Zwiebeln auf die Teller verteilen, fein gehackte Petersilie darüber streuen und mit der schäumenden Butter beträufeln.

Am besten zusammen mit einem Salat aus Endivien und Radicchio servieren.

GRUNDREZEPT

NUDELTEIG FÜR RAVIOLI

100 g Hartweizengrieß, 150 g Weizenmehl Type 1050, 2 Eier, Salz

Aus Grieß, Mehl, Eiern und Salz einen Nudelteig kneten. Nach Bedarf ein wenig Wasser einarbeiten.

Den Teig am besten 1 bis 2 Stunden ruhen lassen. Nochmals durchkneten und auf einer bemehlten Fläche ausrollen.

Zuckerhut mit schwarzem Rettich

1 Staude Zuckerhut, 1 schwarzer Rettich, Apfel- oder Weißweinessig, Sonnenblumenöl, Salz und Pfeffer, Kürbiskerne, Kürbiskernöl

Zuckerhut in Streifen von maximal 1 cm Breite schneiden.

Schwarzen Rettich grob raspeln und mit dem Zuckerhut vermengen. Mit Essig, nicht zu viel Sonnenblumenöl, Salz und Pfeffer abschmecken. Kürbiskerne trocken in der Pfanne rösten. Den Salat mit Kürbiskernöl beträufeln und die Kerne darüber verteilen.

Zuckerhutsalat immer variieren: Schwarzen Rettich kann man durch ein Geraspel aus Sellerie und Gelben Rüben (oder geraspelten Pastinaken, Topinambur oder Petersilienwurzeln) ergänzen oder ganz ersetzen. Gut im Zuckerhutsalat schmecken auch zerquetschter Knoblauch und fein gehackte Petersilie.

Zuckerhut mit Thunfisch

Weißweinessig, Balsamico-Essig, Sonnenblumen- oder Olivenöl, Salz und Pfeffer, 2-3 Zehen Knoblauch, gehackte Petersilie, 2 Dosen Thunfisch in Öl (oder Ölsardinen oder Anchovis), 1 große Zwiebel, 1 Staude Zuckerhut

Eine Marinade aus ca. 2 EL Essigmischung und 3 EL Öl, Salz, Pfeffer, zerquetschtem Knoblauch und Petersilie herstellen.

Fisch abtropfen lassen und Öl auffangen. Fisch in der Mitte des Tellers anrichten, Zwiebeln in ganz feine Ringe hobeln, über den Fisch verteilen und mit der Hälfte der Marinade übergießen.

Zuckerhut in Streifen schneiden. Die restliche Marinade mit dem Öl aus der Fischdose vermengen und eventuell mit Weißweinessig, Salz und Pfeffer nachwürzen. Den Salat damit anmachen.

Zuckerhutsalat rings um den Fisch anrichten. Mit geröstetem Brot servieren.

Zuckerhut mit Scamorza

Zuckerhutblätter, Scamorza (italienischer, leicht geräucherter Schnittkäse), Butter, Salz, Pfeffer, wenn vorhanden: in Öl eingelegte Gemüsewürfel (siehe Seite 54)

Zuckerhutblätter in kochendem Wasser ca. 2 Minuten blanchieren und abkühlen lassen.

Scamorza in Streifen schneiden und in den Blättern zu kleinen Päckchen oder Rollen aufwickeln. Mit Zahnstochern fixieren.

In heißer Butter in der Pfanne vorsichtig und nicht zu heiß ausbacken. Päckchen zwischendurch drehen und dabei salzen und pfeffern. Sobald sie leicht Farbe annehmen, sind sie fertig. Als Vorspeise oder Imbiss servieren.

Gut schmeckt es, wenn die Scamorzastreifen mit in Olivenöl eingelegten Gemüsewürfeln bestrichen werden.

Zwar eignet sich Zuckerhut am besten als frischer, knackiger Salat, aber auch geschmort oder gekocht verfügt er über Eleganz und Raffinesse. Allerdings neigt er zu einer gewissen Ledrigkeit. Deshalb auf alle Fälle vor dem Schmoren zerkleinern oder blanchieren und mit Knoblauch, Zwiebeln, Speck oder Käse als Nudelgericht oder Beilage wie oben beim Radicchio beschrieben zubereiten.

SEEFISCH

Apropos Thunfisch: Fisch ist aus ökologischer und gesundheitlicher Sicht nur ein begrenzt empfehlenswertes Lebensmittel. Aus diesem Grund ist das Fischvorkommen in diesen Kochbuch ebenfalls begrenzt. Nur hin und wieder bereichern ein Thunfisch oder einige Ölsardinen aus der Dose die Artenvielfalt der Rezeptzutaten mit Meeresgetier, oder es findet sich ein Querverweis, dass dieses oder jenes Gericht zu Fisch passt.

Eigentlich ist Fisch ein hochwertiges Lebensmittel, das nach gängiger Auffassung mindestens zweimal wöchentlich in den Kochtopf sollte. Aber aufgrund der Gewässerverschmutzung und einer intensiven Fischwirtschaft kann er nur in den seltensten Fällen ohne Risiko oder schlechtes Gewissen gegessen werden. Denn entweder sind Fische mit fettlöslichen Umweltgiften belastet, oder ihre Bestände durch Überfischung gefährdet. Oder sie kommen immer noch aus Treibnetzfischerei, einer rücksichtslosen, kriminellen Fangmethode. Oder die Fischerei zerstört in der Aquakultur das ökologische Gleichgewicht ganzer Küsten. und Meeresgebiete. Oder, oder, oder....

Weniger Fisch, dafür mehr Qualität und anständig gefangen, ist eine vertretbare Alternative zum völligen Verzicht. Wichtig ist, dass beim gelegentlichen Fischkauf darauf geachtet wird, dass die Fische nicht aus Treibnetzfischerei und am besten aus dem Atlantik kommen. Im Ozean ist die Wasserdurchmischung besser als in küstennahen Gewässern; auch ist die Belastung der Fische mit Schwermetallen in der Regel geringer. Fische also nicht im Trüben fischen, sondern im Naturkostgeschäft nach Herkunft und Fangmethoden fragen.

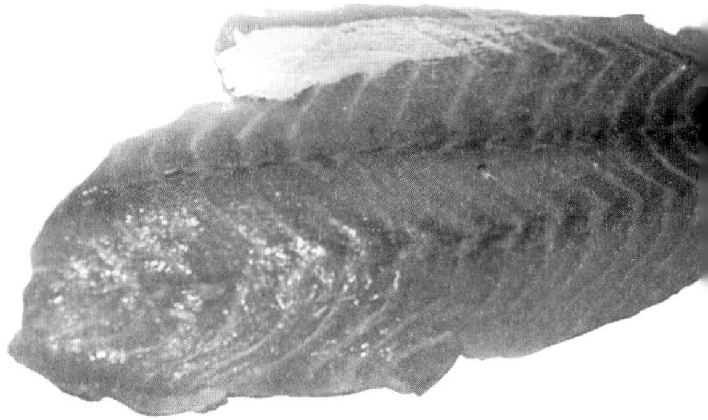

Gebratener Chicorée

4-6 Stauden Chicorée (nach Bedarf), Olivenöl oder Butter, Salz, Pfeffer, Zitrone, Petersilie

Chicorée der Länge nach halbieren (größere vierteln). In einer Reine Öl oder Butter erhitzen und die Chicoréehälften mit der Schnittfläche nach unten anbraten.

Sobald der Chicorée leicht braun ist, umdrehen und nebeneinander in einer Reine anordnen.

Mit Olivenöl beträufeln oder mit Butterflöckchen belegen. Im Backrohr so lange backen, bis der Chicorée weich, aber noch bissfest ist.

Salzen, Pfeffer darüber mahlen und mit frischem Zitronensaft abschmecken. Fein gehackte Petersilie darüber streuen.

Kann als Beilage oder Vorspeise heiß oder kalt serviert werden.

Chicorée mit Parmesan überbacken

4-6 Stauden Chicorée (nach Bedarf), Olivenöl oder Butter, 3 EL Parmesan, 2 EL Semmelbrösel, Salz, Pfeffer, Zitrone, Petersilie

Chicorée wie oben zubereiten. Bevor wir ihn mit Öl beträufeln oder Butterflöckchen auflegen, mit einer Mischung aus 3 EL Parmesan und 2 EL Semmelbrösel bestreuen.

Im Rohr so lange backen, bis eine goldbraune Kruste entstanden ist. Mit Zitronensaft und fein gehackter Petersilie anrichten.

Gebratener Chicorée mit Käse-Sahne-Sosse

4-6 Chicoréestauden, Butter, 1 Becher Sauerrahm (oder Sahne), ca. 50 g Frischkäse, Salz und Pfeffer, etwas Muskatnuss

Chicoréestauden der Länge nach halbieren und Chicoréehälften von beiden Seiten in Butter braten. Eventuell etwas Wasser zugeben.

Sauerrahm und Frischkäse mischen und mit Salz, Pfeffer und Muskat abschmecken.

Wenn der Chicorée weich, aber noch bissfest ist, die Käsesoße über den Schnittflächen der Chicoréehälften verteilen und mit dem Rücken eines Löffels in die Zwischenräume der Blätter ein wenig eindrücken.

Noch einmal erwärmen oder überbacken. Schmeckt gut zu gekochten Kartoffeln.

Gebratener Chicorée mit Gemüsewürfeln

Chicorée wie oben zubereiten. Bevor wir ihn mit Öl beträufeln, bestreuen wir die Schnittflächen mit 2 bis 3 EL ganz klein gehackten Gemüsewürfelchen (wie im Rezept auf Seite 54 beschrieben).

Die Würfelchen mit einem flachen Kochlöffel oder Ähnlichem betätscheln und ein wenig in die Zwischenräume des Chicoreés eindrücken. Anschließend mit Öl beträufeln und ins Rohr damit.

DER SALAT, DER AUS DEM DUNKELN KOMMT

Radicchio und Zuckerhut wachsen im Freiland, und von den Pflanzen werden die Blätter als Salatköpfe geerntet. Bei richtiger Temperaturführung können sie wochenlang gelagert werden. Anders verhält es sich beim Chicorée.

Bekannt wurde er vor allem als Löffel für allerhand Dips in den Diätseiten der Frauenzeitschriften.

Die Verwendung der grünen, bitteren Blätter als Salat ist bei uns völlig aus der Mode gekommen, obwohl in diesen am meisten Nährstoffe enthalten sind. In der Regel werden die Blätter verfüttert, die Wurzeln ausgegraben und im warmen und dunklen Keller zum Keimen gebracht. Die Chicoréestaude ist also die neue Sprosse. Aus diesem Grund Ist Chicorée feiner und noch knackiger als andere Zichorien.

Zwar sind „bleiche" Gemüse chlorophyllarm, aber diesen Nachteil gleicht der Chicorée durch seinen Reichtum an Vitaminen und Mineralien aus. Die Methode der Chicorée-Treiberei kommt übrigens aus Belgien und wurde vor gut 100 Jahren erfunden.

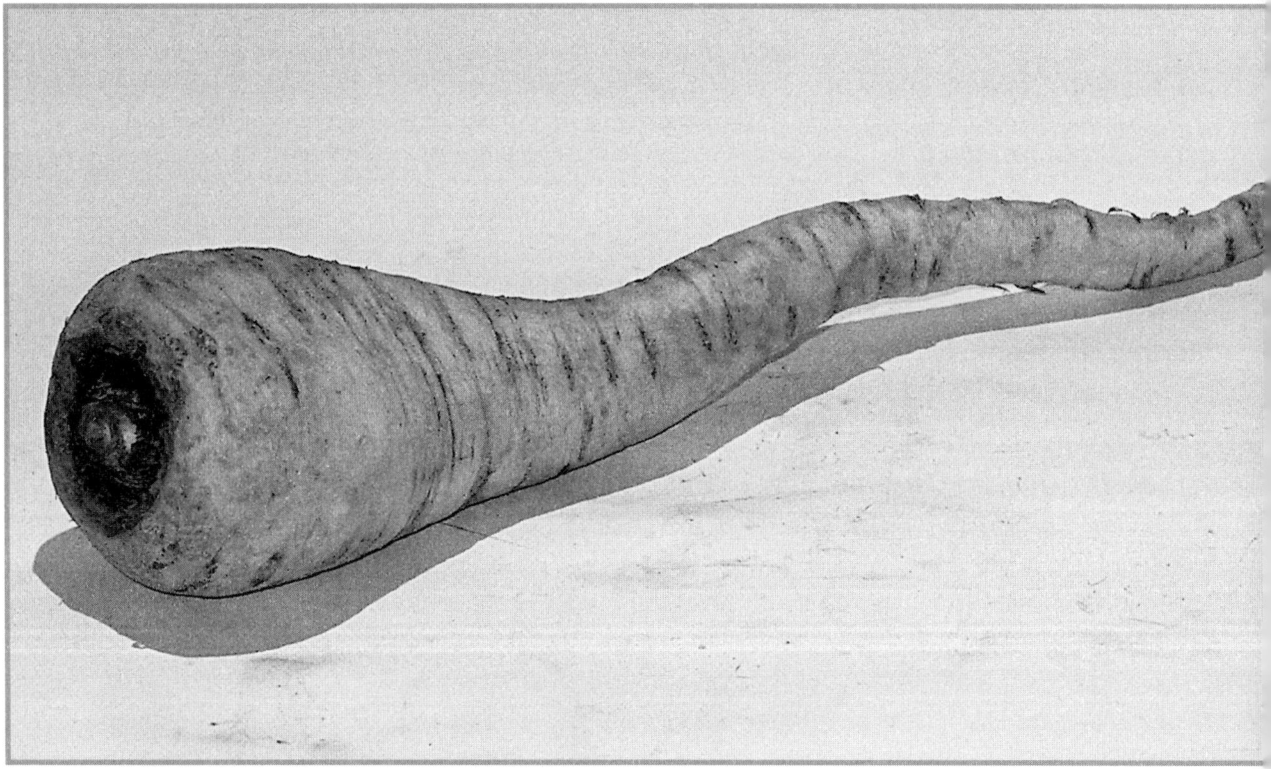

WURZELN, SELLERIE UND ROTE RÜBEN

Es ist immer noch kalt, und unsere oberbayrischen Hügel, Berge und Wälder sind vom Schnee überzuckert. Am Nachthimmel glitzern die Sterne, und hinter den Butzenfenstern behäbiger Landgaststätten flackern die Kerzen edler Tischdekoration.

Bratengerüche und die Klänge des Schneewalzers hängen in der frostigen Luft über einer Idylle unnachahmlicher bayrischer Gastlichkeit. Zur Vorspeise gibt es Zucchinicarpaccio, als Beilage zum Angusochsen Zuckererbsen und zum Nachtisch Mangosorbet....

Nach dem Studium der Speisekarte, einem dicken, ledergebundenen Folianten, bin ich weitergefahren. In einem Wirtshaus mit dem traditionsreichen Ambiente einer Sportgaststätte gab es dann wenigstens Regensburger mit Sauerkraut.

Das Leben eines leidenschaftlichen Gärtners ist schrecklich. Pastinaken, Wurzelpetersilie, Steckrüben, Rote Rüben... alles, was wir mit Mühe und Liebe gepflanzt, gehackt, geerntet und für den Winter als Vitaminbomben gelagert haben, findet wenig Gnade in den Titantöpfen der Großmeister neuer Küchenkunst.

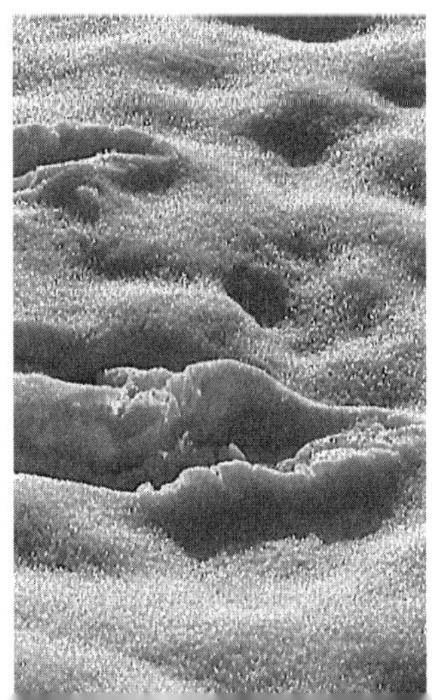

GRUNDREZEPT

Gemüsewürfel aus Rüben und Knollen

Wurzelgemüse nach Belieben, also zum Beispiel: 1 Stück von einer Gelben Rübe, 1 Stück Petersilienwurzel oder Pastinake oder beides, Sellerie und/oder Kohlrabi, Steckrübe usw.

Das Gemüse fein hacken. Gut salzen und pfeffern und nach Belieben mit Zitronenschale abschmecken. Die Würfel entweder frisch über die Speisen streuen oder für die spätere Verwendung mit reichlich Öl vermengen, in ein Glas geben und versiegeln. Hält sich so im Kühlschrank problemlos ein paar Tage.

Die echten Profis hacken natürlich mit der Hand, während unsereiner mit dem Zerhacker der Küchenmaschine alles niedermacht. (Unprofessionell, zugegeben, aber bevor wir morgen Mittag immer noch nichts zu Essen haben ein akzeptables Zugeständnis.)
Am besten alles verwerten, was an brauchbaren Resten noch im Kühlschrank ist. Wegen der schönen Farbe sollten immer auch eine Gelbe Rübe und eine weiße Rübe oder Knolle dabei sein.
Außer Wurzelgemüse kann man nach Belieben noch Zwiebeln, Lauch und Knoblauch verwenden. Petersilie, und zwar reichlich, sollte nie fehlen, ebenso wenig wie Salz und Pfeffer. Wer will, kann mit fein geriebener Zitronenschale abschmecken. Zum Aufbewahren nimmt man am besten Olivenöl.
Vorsicht ist mit der Roten Rübe geboten, da diese die Gemüsewürfel einheitlich rotbraun färbt. Also entweder darauf verzichten oder Rotbraun akzeptieren, oder die roten Würfel vor dem Vermischen separat in kaltem Wasser auslaugen lassen, wobei sie allerdings einen Großteil ihrer Inhaltsstoffe verlieren.
Dieses klein gehackte Gemüse, auch als „Gemüsegrieß“ oder vornehm als „Brunoise“ bezeichnet, ist ideal für Suppen und Soßen und kann außerdem, vermischt mit Semmelbröseln, für Füllungen, Knödel und zum Panieren verwendet werden. Auch schmecken Käse- und Wurstbrote interessanter, wenn auf die Butter Gemüsewürfel gestreut werden oder man an Stelle der Butter die in Olivenöl eingelegten Würfel nimmt.

Schnelle Gemüsesuppe

ca. 500 g Gemüsewürfel, 2 Lorbeerblätter, Olivenöl oder Butter, 1 l Wasser, Salz und Pfeffer, 4 Scheiben Vollkornbrot,

Gemüsewürfel und Lorbeerblätter in Öl oder Butter ca. 5 Minuten unter Rühren anbraten. Dann mit Wasser aufgießen und nochmals 5 Minuten köcheln lassen. Mit Salz und Pfeffer abschmecken.

Inzwischen Vollkornbrot toasten oder rösten. Brotscheiben auf die angewärmten Teller verteilen und die heiße Suppe so über das Brot gießen, dass die Scheiben höchstens zur Hälfte bedeckt sind.

Wer will, kann bei Tisch noch ein wenig Olivenöl über die Suppe träufeln.

Sehr gut schmecken Gerstengraupen zu dieser Suppe. Diese Graupen (bzw. Rollgerste) sind eine traditionelle und von Feinschmeckern hoch geschätzte Suppeneinlage. Am besten über Nacht einweichen. Abschütten und mit frischem Wasser weichkochen. Mit dem Kochwasser die Suppe strecken.

SPAGHETTI MIT GEMÜSEWÜRFELN

ca. 300 g gehacktes Gemüse, Salz, Olivenöl, 500 g Spaghetti, geriebener Pecorino, Parmesan oder anderer Hartkäse

Gemüsewürfel wie oben beschrieben aus Pastinaken, Gelben Rüben, Petersilienwurzel, Petersilie, Knoblauch, Sellerie und Salz herstellen und in ein Glas oder eine kleine Schüssel füllen. Mit reichlich Olivenöl aufgießen.

Spaghetti kochen und servieren. Jeder mischt sich selbst den Käse und dann wie ein Pesto die öligen Gemüsewürfel unter die Nudeln. Eventuell nachsalzen.

Für alle, die Gemüse lieber gegart mögen: das klein gehackte Gemüse ca. 4 Minuten in reichlich Olivenöl dünsten. Wichtig: Damit der Käse sein Aroma besser entfalten kann, immer erst den Käse unter die Nudeln mischen und dann das Pesto oder die Soße dazugeben.

GRUNDREZEPT

KLARE GEMÜSEBRÜHE

gut 1 Kilo Suppengemüse, z. B. zu etwa gleichen Teilen Pastinaken, Gelbe Rüben, Petersilienwurzel, Lauch, Sellerie, Olivenöl oder Butter, Salz, 2–3 Lorbeerblätter, Pfefferkörner, 1 1/4 l Wasser

Am besten das Gemüse in kleine Würfel schneiden und in Öl oder Butter kräftig anbraten. Lorbeerblätter dazugeben. Gelbe Rüben geben der Suppe eine schöne Farbe und sollten daher am längsten mitbraten; also als erstes in den Topf geben. Das Gemüse darf sich leicht am Topfboden anlegen, aber nicht anbrennen. Also aufpassen und rechtzeitig rührend eingreifen!

Mit Wasser aufgießen. Salzen. Lorbeerblätter dazugeben. Maximal 15 bis 20 Minuten köcheln lassen. Suppe durch ein Sieb gießen und mit Salz und Pfeffer abschmecken.

Übrigens: je kleiner die Würfel geschnitten werden, umso schneller ist die Suppe fertig.

BUNTE NUDELSUPPE AUS RÜBENSTREIFEN (JULIENNE)

Suppengemüse, Olivenöl oder Butter, Petersilie oder Schnittlauch

Alles was geboten ist, wie z.B. Pastinaken, Sellerie, Gelbe Rüben, Rote Rüben (ein wenig auslaugen lassen), Petersilienwurzel, Steckrübe, Lauch, aber auch Wirsing oder Weißkraut wie Suppennudeln in ca. 8 cm lange Streifen schneiden.

Kurz in Olivenöl oder Butter andünsten und mit der klaren Gemüsebrühe (siehe oben) aufgießen. Suppe abschmecken und wie üblich mit fein gehackter Petersilie oder Schnittlauch bestreuen.

SUPPEN

Suppeneinlagen gibt es jede Menge. Backerbsen, echte Nudeln, Knödel, Reis, Grießnockerl, Eierstich usw. Interessant für uns sind oft Einlagen aus den Resten des Vortages. Eine feine Einlage sind zum Beispiel

Rest Wirsingrouladen mit Knödelfüllung.

Die kalten Rouladen (siehe Rezept Seite 26) mit einem ganz scharfen Messer in Scheiben schneiden und in der Suppe nur noch erwärmen.

Oder wir kochen ganz klassisch eine

Zuppa di frittata

Kalte übriggebliebene Mangold-, Kräuter-, Käse- oder Nudel-Omelettes mit einem scharfen Messer in Streifen schneiden und in der heißen Suppe ziehen oder kurz köcheln lassen.

Wer allerdings alles aufgegessen hat, muss sich nach Alternativen umschauen. Am einfachsten und oft am besten ist ein wenig Gemüse und Brot, wie zum Beispiel eine gute

Bayrische Brotsuppe

Butter- oder Schweineschmalz, Zwiebel, Salz, Pfeffer, klare Gemüsebrühe, altes Vollkorn- oder Bauernbrot, Schnittlauch oder Petersilie

Butter- oder wie im Orginalrezept Schweineschmalz (Olivenöl oder Sonnenblumenöl geht auch) in der Pfanne zerlassen und fein geschnittene Zwiebelringe anbräunen.

Salzen, pfeffern und mit der Gemüsebrühe aufgießen. Altes Vollkorn- oder Bauernbraut in dünne Scheiben schneiden, nach Belieben rösten und auf die Suppenteller verteilen.

Die heiße Suppe darüber gießen. Schnittlauch oder klein gehackte Petersilie dazu reichen.

SUPPEN

Aus einer Brotsuppe wird übrigens eine so genannte

Wasserschnoiz'n

wenn man die gebräunten Zwiebelringe mit Mehl überstäubt und so eine Einbrenne herstellt.

Die geschnittenen Brotscheiben werden in einer vorgewärmten Schüssel ausgelegt und mit kochend heißer Brühe (original: Wasser) übergossen.

Jetzt kommt unter deutlich hörbarem Schnalzen die heiße Einbrenne in die Suppe. Alles wird verrührt, gesalzen und gepfeffert und – wenn vorhanden – mit Schnittlauch bestreut.

Diese gezwiefelte und geschmalzene Wassersuppe liegt bei uns nicht mehr recht im Trend.
Aber da sie Millionen von Menschen in Not-, Kriegs- und Nachkriegszeiten vor dem Hungertod bewahrt hat, sollten wir sie nicht ganz vernachlässigen, sondern eher als ein wichtiges Kulturerbe betrachten. Diese Suppe ist quasi gekochte Geschichte und sollte öfter von jenen gelöffelt werden, die meinen, nur mit futuristischen, genmanipulierten Nahrungsmitteln sei die Menschheit zu retten. Schließlich bewältigen die Menschen seit Jahrhunderten Hunger und Krisen, indem sie geschickt mit einfachsten Mitteln und Methoden die oft spärlichen Ressourcen ihrer Umwelt nutzen.

Wer noch anderes Gemüse oder Salat zu Hause hat, kann die italienische Variante der Brotsuppe kochen, eine

Aqua cotta con verdure

Gemüse wie Pastinaken, Gelbe Rüben, Wirsing, Steckrüben usw., oder Endivien- bzw. Kopfsalat; Salz, Pfeffer, Gemüsebrühe (altes) Weißbrot, Parmesan

Gemüse klein schneiden und in Olivenöl bissfest weich dünsten. Salzen, pfeffern und mit Gemüsebrühe aufgießen. Weißbrotscheiben rösten und auf die Suppenteller verteilen. Heiße Suppe darüber gießen. Geriebenen Parmesan dazu reichen.

Geröstetes Roggenvollkornbrot statt Weißbrot entspricht zwar nicht dem Orginalrezept, schmeckt aber oft besser.

„Mit Fantasie und Musen kochen" könnte das Motto lauten zu Pürees aus geschmorten und zerdrückten Rüben. Sie sind exzellente Beilagen zu Getreide- und Kartoffelgerichten, schmecken auch zu gebratenem Fleisch und können anstelle von Kräuterbutter darauf verteilt und noch kurz mit überbacken werden.
Im Glas mit Oliven- oder Sonnenblumenöl versiegelt, halten sich die Musreste problemlos einige Tage im Kühlschrank und sind schnell zur Hand, wenn eine fade Suppe aromatisiert werden soll. Einfach ein bis zwei Löffel in die Suppe oder in den Eintopf rühren.
Brotzeittipp zur Stullenherstellung: Statt der Butter ein Püree unter die Wurst oder den Käse, oder das Mus solo auf's Brot.

PASTINAKEN- ODER PETERSILIENWURZELMUS

Pastinaken und/oder Petersilienwurzeln (natürlich kann man auch verschiedene Rüben, Sellerie und Kartoffeln beimischen), Pfeffer, Salz, Oliven- oder Sonnenblumenöl, nach Belieben Knoblauch, Zitrone, Muskat

Das Gemüse würfeln und am besten im Dämpfeinsatz weich dünsten. Mit dem Kartoffelstampfer zu Mus zerdrücken.

Salzen und pfeffern und mit Öl abschmecken. Wer will, kann das Ganze mit Knoblauch und Zitronensaft würzen und/oder mit Muskat verfeinern.

Rest im verschließbaren Glas mit Öl versiegeln.

Wunderbar schmeckt ein Rübenpüree (siehe auch Crostini sedani, Seite 7)) auf einem warmen gerösteten Brot oder einem heißen Getreidefladen. Wie zum Beispiel auf einem

GRUNDREZEPT

EMMERFLADEN

200 g Emmer, 125 ml lauwarmes Wasser, 1/2 TL Salz, 1 EL Sonnenblumenöl

Emmer fein mahlen, salzen und nach und nach das Wasser einrühren.

Alles zu einem geschmeidigen, relativ weichen Teig verkneten. Öl dazugeben und noch einmal durchkneten. Teig mindestens 1/2 Stunde ruhen lassen. Besser sind ein paar Stunden.

Teig in 6 Stücke teilen und diese auf einer bemehlten Fläche zu kleinen Fladen ausrollen.

Die Fladen auf einem gut geölten Backblech auslegen, in den kalten Backofen schieben und bei etwa 200 °C ca. 15 Minuten backen. Heiß servieren.

Wer kein Rübenpüree hat oder mag, isst die Fladen mit Butter und Kresse oder mit Sauerrahm, Salz und Rucola. Sehr gut schmecken die Fladen auch mit einem Mus aus Broccoli, Öl und zerquetschtem Knoblauch.

EMMER – LEISTUNGSVERWEIGERER MIT CHARAKTER

Emmer ist eine Urform des Weizens und weitgehend züchterisch unberührt. Nachdem dieses in Vergessenheit geratene Getreide bei uns nahezu ausgestorben war, wird es heute wieder von engagierten Biobauern angebaut. Emmer hat einen feinen, leicht nussigen Geschmack und einen hohen Mineralstoffgehalt.

Aus ihm lassen sich hervorragende Nudeln machen, leichtes Brot und Gebäck, oder man serviert ihn wie Reis gekocht. Letzteres ist übrigens eine Spezialität aus der Toskana. Berühmt ist der Emmer aus der Garfagnana, einem romantischen Gebirgstal nördlich von Lucca, zwischen den Apuanischen Alpen und dem Apennin.

Da sich der Ertrag dieses uralten Weizens durch mineralische Düngung kaum steigern lässt, ereilte den Emmer das Schicksal vieler Leistungsverweigerer. Er wurde nahezu überall von den ertragreichen Sorten verdrängt und nur noch vereinzelt auf minderen, schwer zu bewirtschaftenden Böden, wie in der nördlichen Toskana oder in Umbrien kultiviert. Bezeichnet wird der Emmer im Italienischen als „Farro" und als ein tradionelles Vollkorngericht in Pasteten verbacken, als Suppeneinlage oder zusammen mit verschiedenen Gemüsen wie ein Risotto gereicht.

Emmerotto von der Inge

100 g Schalotten oder Zwiebeln, 60 g Butter oder Öl, 300 g Emmer, 200 g Wintergemüse wie Pastinaken, Wirsing, Gelbe Rüben, Sellerie u.ä., 3/4 l Wasser, Salz, 50 g Champignons, 1 Bund Petersilie, 1 EL Zitronenschale, 30 g Sonnenblumenkerne

Schalotten schälen und fein würfeln. In 40 g Butter oder in Öl glasig dünsten.

Emmer zugeben, unter Rühren andünsten. Es sollen alle Körner mit Fett überzogen sein.

Das Gemüse putzen, in feine Streifen hobeln oder schneiden und kurz mit andünsten. Mit dem Wasser auffüllen und alles zugedeckt bei milder Hitze 45 bis 60 Minuten ausquellen lassen. Mit Salz abschmecken.

In 20 g Butter die fein geschnittenen Pilze kurz andünsten. Pfanne vom Herd nehmen und die gehackte Petersilie und die sehr fein geschnittene Zitronenschale nach Geschmack unterrühren. Pilze und Gemüse unter den Emmer mischen.

In der Zwischenzeit die Sonnenblumenkerne ohne Fett hellbraun rösten. Emmerotto anrichten und die Sonnenblumenkerne darüber streuen.

Gebratene Emmerlinge

250 g Emmer (oder Dinkel, Weizen), 1/2 Zwiebel, 1 Gelbe Rübe, 1-2 Knoblauchzehen, 50 g Schafskäse, 1 Ei, Salz und Pfeffer, Palmfett oder Öl, 20 g geriebener alter Bergkäse, 1 EL gutes Öl, 1 EL Mehl, 1 EL getrocknetes Basilikum

Emmer nicht zu grob schroten (bei mittlerer Einstellung) und nur in so viel Wasser (ca. 0,6 l) einweichen, dass der Schrot knapp bedeckt ist. Einmal aufkochen und ca. 1 Stunde ausquellen lassen.

Inzwischen die Zwiebel und die Gelbe Rübe fein reiben, die Knoblauchzehen zerquetschen und den Schafskäse würfeln.

Ei verschlagen, die übrigen Zutaten hinzufügen und alles mit dem Emmerschrot vermischen. Mit Salz und Pfeffer abschmecken.

Fett oder Öl in der Pfanne erhitzen. Aus dem Teig kleine Knödel formen, in die Pfanne setzen und mit dem Wender flach drücken. Beidseitig goldbraun bei milder Hitze ausbacken. Passt gut zu in Butter geschmorten Rüben mit Sahne.

Petersilienwurzel mit Kürbiskernen

ca. 500 g Petersilienwurzeln, Sonnenblumen- oder Olivenöl, Apfel- oder Weißweinessig, Zitrone, Salz und Pfeffer, ca. 30 g Kürbiskerne, gehackte Petersilie, Kürbiskernöl

Wurzeln ganz dünn aufschneiden (wer viel Zeit hat, arbeitet am besten mit dem Sparschäler) und in Öl anbraten, bis die Ränder leicht braun sind. Mit Essig und Zitronensaft, Salz und Pfeffer anmachen.

Inzwischen Kürbiskerne trocken in der Pfanne rösten. Die Petersilienwurzeln mit den Kürbiskernen bestreuen und mit Kernöl beträufeln.

Gehackte Petersilie darüber streuen. Am besten noch lauwarm servieren.

Petersilienwurzel in Butter und Zitrone

ca. 600 g Petersilienwurzeln, Butter, wenig Öl, Salz und Pfeffer, Zitrone, Petersilie

Petersilienwurzeln der Länge nach in Scheiben von etwa 1 cm Dicke schneiden. In kochendem Wasser ca. 4 Minuten blanchieren. (Immer nur so viel Wasser nehmen, wie unbedingt notwendig ist, damit das Kochwasser nicht zu viel Geschmack verliert).

Wurzelscheiben in reichlich Butter (ein wenig Öl dazu, damit die Butter nicht zu schnell braun wird) auf beiden Seiten mit wenig Hitze braten. Wurzeln auf einer warmen Platte anrichten.

Den Bratenfond mit ein wenig Kochbrühe aufkochen. Salzen und pfeffern und den Saft von etwa einer halben Zitrone einrühren. Zum Schluss gehackte Petersilie dazu. Den Fond heiß über die Wurzel gießen. Mit gekochten Kartoffeln servieren.

Pastinaken-Gelbe-Rüben-Salat

400 g Pastinaken, ca. 100 g Gelbe Rüben, 30–40 g Kürbiskerne, Weißweinessig, Sonnenblumen- oder Olivenöl, Saft von 1 Zitrone, Salz und Pfeffer

Pastinaken und Gelbe Rüben grob raspeln, Kürbiskerne trocken in der Pfanne rösten und klein hacken. Alles mischen und mit den restlichen Zutaten abschmecken.

Pastinakencouscous mit geröstetem Schwarzbrot

80 g Couscous, ca. 500 g Pastinaken, 1 Gelbe Rübe, 1–2 Zwiebeln, Oliven- oder Sonnenblumenöl, ca. 40 g Sonnenblumenkerne, Zitrone, Balsamico-Essig, Salz und Pfeffer, gehackte Petersilie, 1–2 Scheiben Roggenvollkornbrot

Couscous (oder Bulgur) in kochendem Wasser gar kochen. Das dauert etwa 10 Minuten.

Inzwischen Pastinaken und Gelbe Rübe grob raffeln. Couscous abseihen. Zwiebeln klein hacken. Öl in der Pfanne erhitzen, Zwiebeln glasig dünsten, dann das Gemüse dazugeben und alles bissfest weich dünsten. Couscous dazumischen und kurz mitbraten, damit eine trockene Mischung ensteht.

Die Sonnenblumenkerne trocken in einer Pfanne rösten und anschließend klein hacken. Unter das Pastinakencouscous mischen und dieses mit Zitronensaft, Essig, Öl, Salz und Pfeffer abschmecken. Fein gehackte Petersilie untermischen.

Vollkornbrot in etwa pfenniggroße Stücke zerbröckeln und in Öl anbraten. Unter das Pastinakencouscous mischen.

Warm oder kalt mit Salat servieren.

Gebackener Pastinakenbulgur

150 g Bulgur, ca. 600 g Pastinaken, 2 Zwiebeln, Öl oder Butter, 50 g Kürbis-, Sonnenblumen- oder Walnusskerne, 3–4 Eier, 250 g Quark, Salz, Pfeffer, Muskat oder Macisblüte

Bulgur weich kochen, dann abseihen. Pastinaken grob raffeln. Zwiebeln klein hacken.

Butter oder Öl in der Pfanne erhitzen, Zwiebeln glasig dünsten, dann das Gemüse dazugeben und alles bissfest dünsten. Bulgur dazumischen und kurz trocken braten.

Wie im vorherigen Rezept: Kerne rösten, hacken und dazugeben. Die Mischung abkühlen lassen. Dann die Eier verschlagen und zusammen mit dem Quark in den Pastinakenbulgur einarbeiten. Mit Salz, Pfeffer, Muskat oder Macisblüte gut abschmecken.

Die Masse in eine Kuchen- oder Auflaufform etwa 4 bis 5 cm hoch einfüllen. Im vorgeheizten Rohr ca. 1/4 Stunde, aber mindestens so lange backen, bis die Masse gestockt und oben leicht überbräunt ist.

Als Hauptgericht warm zusammen mit einem Rote-Rüben-Salat oder kalt als Vorspeise servieren. Passt aber auch zu Kotelett, Lammragout oder Ähnlichem.

HISTORISCHE WURZELN

Geschmorte Rüben, in der Hauptsache wohl Pastinaken, waren lange das wichtigste Gemüse in den Töpfen unserer Vorfahren. Pastinakensamen wurden sogar in den Überbleibseln der Pfahlbauten der Steinzeit gefunden.

In den Wassersuppen der Armen oder zusammen mit fettem Fleisch im Ofen der Reichen schmorten sie durch die Geschichte und waren wegen ihrer intensiven Würze hoch begehrt. Vorstellen dürfen wir uns die mittelalterlichen Rübengerichte als bis zur Unkenntlichkeit verschmorte Eintöpfe ähnlich dem Irish Stew. (Angeblich kommt ja auch das Wort „Gemüse" von „Mus"). Oft wurden die Rüben auch nur in der heißen Asche des Herd- oder Lagerfeuers gebacken. Im letzten Jahrhundert wurden die Pastinaken allerdings von den Kartoffeln nahezu völlig aus den Küchen verdrängt. Nur noch in der Fertigsuppenherstellung waren sie gefragt.

Seit die Biogärtner sie wieder entdeckt haben, sind sie jedoch schwer im Kommen. In einer Küche ohne Geschmacksverstärker, ohne Fertigsuppen, Brühwürfel und anderes Chemiefood sind sie unentbehrlich. Denn sie besitzen außerordentlich viele ätherische Öle und bringen ordentlich Schmackes. Fehlen dürfen sie daher in keiner guten Gemüsebrühe oder Fleischsuppe. Aufgrund ihres hohen Pektingehalts gelten sie als herzstärkend. Zusätzlich schmeicheln sie dem Bauch, helfen tatkräftig bei der Verdauung, lindern Bauchweh und befreien den Darm von unangenehmen Blähungen. In Eintöpfen mit Fleischeinlagen deshalb immer viele Pastinaken mitschmoren.

PASTINAKENROULADEN MIT SPECK

2 einigermaßen gerade gewachsene, ca. 18 cm lange Pastinaken (Länge entspricht etwa der ausgestreckten Hand eines Erwachsenen, – falls Sie beim Einkaufen gerade keinen Meterstab dabei haben), Salz, mittelscharfer Senf, 4 große oder 8 kleine Essiggurken, ca. 200 g dünn geschnittener Speck oder geräuchertes Wammerl, Öl, 1/4 l Weißwein, 1 EL Tomatenmark oder ein paar Löffel übrig gebliebene Tomatensoße, 2 EL Kapern, Pfeffer; Zahnstocher zum Fixieren

Pastinaken sauber putzen und der Länge nach durchschneiden. Von den Hälften am besten mit der Brotmaschine Scheiben von etwa 4 mm Stärke längs abschneiden. Aus 2 Pastinaken kann man in der Regel 8 große Scheiben schneiden, die übrigen Scheiben sind zu klein, um sie wickeln zu können, daher für Suppe oder Salat aufheben.

Pastinakenscheiben in kochendem Salzwasser etwa 4 Minuten blanchieren. Kochwasser aufheben. Die Scheiben auslegen und einseitig gut mit Senf bestreichen. Eine Essiggurke und 2 bis 3 Scheiben Speck auflegen und das Ganze zur Roulade wickeln. Mit Zahnstocher fixieren.

Rouladen beidseitig in Öl anbraten und mit Weißwein ablöschen. Wein eindampfen lassen. Dann Tomatenmark (oder Tomatensoße), die Kapern und eine Tasse Kochwasser, in dem die Pastinaken blanchiert wurden, dazu. Gut 1/2 Stunde zugedeckt köcheln lassen.

Hin und wieder Kochwasser nachschütten, aber nur so viel, dass die Soße nicht suppig wird, sondern schön dick und sämig bleibt.

Soße vorsichtig (!) mit Salz und Pfeffer abschmecken. Mit Kartoffelbrei, Polenta oder Reis servieren.

ROULADEN MIT DER WURZEL PACKEN

Für viele sind Rinderrouladen out. Seit BSE noch einmal die Sinne für den Irrsinn der modernen Fleischproduktion geschärft hat, ist das Thema für sie erledigt. Eine vernünftige Reaktion, zumal das viele Fleisch sowieso nicht gesund sein konnte.

Im Kreislauf einer ökologischen Landwirtschaft aber spielen die Tiere eine wichtige Rolle. Sie futtern Klee, Gras, Ackerbohnen und andere Zwischenfrüchte, die wichtig sind, um die Bodenfruchtbarkeit zu erhalten.

Mit ihrem Mist steht außerdem wertvoller und natürlicher Dünger zu Verfügung. Pflanzenbau und Tierhaltung gehören einfach zusammen. Es ist deshalb auch vernünftig, wenn hin und wieder ein Schnitzel in die Pfanne kommt, ein Rinderbraten oder eben Rinderrouladen. Wichtig ist, weniger Fleisch zu essen und nur noch vom Biohof oder im Naturkostladen zu kaufen.

Wer schon immer Fleisch gegessen hat, jetzt aber ganz oder weitgehend darauf verzichten möchte, sucht Ersatz. Und wer leidenschaftlich Rinderrouladen gegessen hat, braucht jetzt eine andere Wicklung. Zumindest hin und wieder.

Interessant sind die geschmacklichen Entdeckungen, wenn man systematisch nach einer Alternative sucht.

Im Rouladenrepertoire lässt sich deshalb neuerdings eine Metamorphose der ursprünglichen Rinderroulade hin zur völlig fleischlosen „Roulade nach Rinderrouladen-Art" feststellen.

Der besondere Charakter einer Rinderroulade ergibt sich aus dem Zusammenschmurgeln der Geschmackskomponeten Senf, Essiggurken, Kapern, Speck und eben Rindfleisch. Noch halbherzig wird in unserem Gericht nur das Rindfleisch durch die Pastinake ersetzt. Ihr süßliches Aroma passt hervorragend mit den anderen Geschmacksträgern zusammen. Außerdem lässt sie sich leicht wickeln, wenn sie groß genug ist und richtig geschnitten wird.

CROCCHETTE DI PASTINACA

ca. 500 g Pastinaken, 80 g Mehl (Type 1050 oder fein gemahlenes Weizenvollkornmehl), 10 g Trockenhefe (Pulver), 1 Ei, Pfeffer, Salz, Muskat oder Macisblüte, Butter

Pastinaken klein würfeln, weich dünsten und zerdrücken. Mit Mehl, Hefe, dem verschlagenen Ei und den Gewürzen mischen und etwa 1 Stunde zugedeckt stehen lassen. Kroketten (Pflanzerl) formen und bei nicht zu starker Hitze in der gebutterten Pfanne beidseitig backen.

Wer den hefigen Geschmack nicht so gerne mag, kann auf die Hefe ruhig verzichten. Die Kroketten sind dann allerdings nicht mehr so locker.
Klassisch wird dieses norditalienische Gericht zu Rinderbraten mit gedünstetem Gemüse, wie z. B. Gelben Rüben und Bohnen, aber auch geschmortem Radicchio oder Wirsing mit Sahne gereicht. Passt also zu ziemlich allen Gemüsen und Salaten, und schmeckt auch, wenn man den Rinderbraten weglässt.

Aber wenn es schon mal Rinderbraten gibt, dann sollte man sich ein gutes Stück leisten, sich Zeit nehmen und ein paar einfache Regeln beachten: Klee, Gras, Heu und Stroh, Wasser, Schrot und Rüben, dazu viel Bewegung in der frischen Luft sind die wichtigsten Zutaten für einen guten Braten.

Und so bereitet man ihn zu, den klassischen

FLEISCHGERICHT

RINDERBRATEN

ca. 800 g Rinderbraten (aus der Schulter, Nuss oder Hochrippe), Olivenöl und/oder Butter, 1-2 Zwiebeln, 2-3 Lorbeerblätter, 1/4 l Rotwein (alternativ Suppe oder Wasser), Salz und Pfeffer, Majoran, 2-3 Knoblauchzehen

Rindfleisch am besten in einer Mischung aus Butter und Olivenöl von allen Seiten scharf anbraten. Wichtig: Fleisch so lange braten, bis es sich von selbst vom Topfboden löst!

Lorbeerblätter und gehackte Zwiebeln dazugeben und alles leicht anbräunen. Mit Wein (Suppe oder Wasser) ablöschen und alles einschmurgeln lassen.

Jetzt salzen, pfeffern und nach Geschmack mit 1 bis 2 Löffeln Majoran und zerquetschtem Knoblauch würzen. Hitze herunterdrehen und so viel Wasser dazugießen, dass eine nicht zu suppige Soße entsteht.

Den Braten jetzt bis zu 3 Stunden zugedeckt leise vor sich hin braten lassen. Die Soße soll nur ganz wenig köcheln.

Fleisch ein paar mal umdrehen und Flüssigkeit kontrollieren. Wer viel Soße will, kann mit Tomatensoße strecken.

Crocchette di pastinaca erinnern vom Biss und der Konsistenz her an unsere bayrischen Wollwürste. Wer also einen vegetarischen Ersatz für diese Wurstart sucht, sollte mit den Pastinakenkroketten noch ein wenig herum experimentieren. Zum Beispiel mit einer

WOLLWURST VEGETALE

Zutaten wie bei Crocchette di pastinaca, dazu 2-3 Kartoffeln

Dem Teig gekochte und zerdrückte Kartoffeln beimischen. In Würstchenform ausrollen und in der Pfanne bei sanfter Hitze ausbacken.

Zusammen mit einem süßen, körnigen oder scharfen Senf serviert, könnte man spätestens nach einigen Maß Bier durchaus der Überzeugung sein, ein vollwertiges bayrisches Tradtionsmenü zu verspeisen. Dazu gibt's einfachen

GRUNDREZEPT

KARTOFFELSALAT

1 kg am besten fest kochende Kartoffeln, 1-2 Zwiebeln, 1/8 l Gemüsebrühe, 4-5 EL Weißwein- oder Apfelessig, Salz, Pfeffer, nach Belieben 1-2 EL mittelscharfer Senf, 4-5 EL Sonnenblumenöl, Schnittlauch und Petersilie, eventuell Sauerrahm oder Joghurt

Kartoffeln in der Schale kochen und erkalten lassen (eventuell schon am Vortag kochen). Schälen und in Scheiben schneiden.

Zwiebeln fein hacken und untermengen. Brühe aufkochen und mit Essig, Salz und Pfeffer (eventuell Senf) abschmecken.

Die heiße Essigbrühe über die Kartoffeln schütten und mindestens 1/4 Stunde ziehen lassen. Zwischendrin die Kartoffeln durchmischen. Wichtig: Jetzt erst das Öl dazu und nochmals abschmecken.

Mit fein geschnittenem Schnittlauch und/oder gehackter Petersilie bestreuen.

Übrigens: Wer Sauerrahm oder Joghurt in den Kartoffelsalat mischt, reduziert die Ölmenge.

Die Variationsmöglichkeiten des Kartoffelsalats sind endlos. Gemischt mit Brunnen- oder Gartenkresse, Keimsaaten, mit Endiviensalat, Radieschen, Rettich, Gurken, Tomaten usw. ist der Kartoffelsalat eine grenzüberschreitende Beilage von der herkömmlichen Hausmannskost bis zur feinsten Naturkost. Und wie gesagt, zum Kartoffelsalat gibt's Pastinakenwürstchen. Echte Schweinswürstel gehen aber auch.

STECKRÜBENEINTOPF

600 g Steckrüben, 1 Gelbe Rübe, 500 g fest kochende Kartoffeln,1 Zwiebel, 50 g Butter und Öl, 1 l Wasser oder Brühe, 1-2 Stangen Lauch, ca.1 EL Senf, Sojasoße, Salz, schwarzer Pfeffer aus der Mühle, Kresse

Rüben, Kartoffeln und Zwiebeln würfeln. Zwiebeln in Butter-Öl Mischung glasig anbraten. Rüben und Kartoffeln dazugeben, mit Wasser oder Brühe aufgießen und ca. 20 Minuten bissfest weich köcheln.

Den in Streifen geschnittenen Lauch dazugeben. Senf einrühren und mit Sojasauce, Salz und Pfeffer abschmecken. Kresse darüber streuen.

Schmorrüben

Pastinaken oder/und andere Rüben, Olivenöl oder Butter, Suppe oder Wasser, Salz, Pfeffer

Pastinaken, Gelbe Rüben, Sellerie, Petersilienwurzel oder Steckrüben in größere Schnitze schneiden und in Olivenöl oder Butter mit ein wenig Suppe oder Wasser schmoren, bis sie gut weich sind. Salzen und pfeffern. Zwischendrin wenden.

Entweder als Beilage reichen oder als Vorspeise mit geriebenem Parmesan servieren.

Alternativ zum Schmoren in Öl oder Butter können die Rüben auch in der Soße von einem Braten mitgeschmort werden.

Rübenzungen

2 Pastinaken oder Petersilienwurzeln, Salz, Pfeffer, Mehl, 80 g Gorgonzola (oder Feta o.ä.), 1-2 Eier, Öl oder Butter zum Ausbacken, Zitrone

Pastinaken oder Petersilienwurzeln der Länge nach in 8 ca. 0,5 cm dicke Scheiben schneiden. In kochendem Wasser ca. 5 Minuten blanchieren oder besser mit dem Dämpfeinsatz bissfest weich dünsten.

Die Zungen beidseitig salzen und pfeffern und leicht mit Mehl überstäuben. Käse zerbröckeln und zerdrücken und zusammen mit dem Ei zu einem dicken Brei verrühren. Salzen und pfeffern.

Die Zungen in dem Brei wenden und in einer nicht zu heißen Pfanne langsam beidseitig in Öl oder Butter ausbacken.

Mit reichlich Zitronensaft beträufeln bzw. mit Zitronenspalten servieren. Dazu gibt's Salat oder noch besser, man richtet sie mit frischen Rucolablättern an, falls es schon welche gibt.

Sellerie-Suppe

400 g Sellerie, 200 g Kartoffeln, Oliven- oder Sonnenblumenöl (oder Butter) zum Dünsten, ca. 3/4 l Wasser (oder Brühe), 2-3 Lorbeerblätter, Salz, Pfeffer, 100 ml Rahm oder Oliven-, Kürbiskern-, Distel- oder Hanföl zum Verfeinern.

Gemüse würfeln und in Butter oder Öl andünsten. Mit wenig Wasser oder Brühe aufgießen und zusammen mit den Lorbeerblättern weich dünsten.

Lorbeer herausfischen und das Gemüse mit dem Kartoffelstampfer zerdrücken. Mit Flüssigkeit aufgießen und wenn notwendig auf die gewünschte Konsistenz einköcheln.

Salzen und pfeffern. Entweder mit Rahm verfeinern und/oder mit Öl beträufeln (kann jeder bei Tisch selbst machen).

In Butter oder Öl geröstete Brotwürfel passen immer dazu.

Bei allen pürierten Suppen steht man von Anfang an vor der Entscheidung: Entweder mit Butter und Rahm zubereiten, oder mit einem guten Öl. Die zweite Entscheidung fällt schon weniger schwer: Sellerie solo oder zusammen mit Kartoffeln, Gelben Rüben und Petersilienwurzeln, oder Gelbe Rüben solo oder zusammen mit... usw. In der Regel entscheidet das der Kühlschrank. Man nimmt, was man gerade hat, und falsch machen kann man eigentlich nicht viel. Unzählige pürierte Varianten kreisen deshalb um das Thema Suppe. Die Selleriesuppe ist eine davon.

SELLERIE UND ROTE RÜBEN – KNOLLEN VOLLER WIDERSTAND UND LEIDENSCHAFT

Geballte Abwehr gegen die Anflüge von Grippe, allerhand Leistungsschwächen und Krankheiten bieten diese Kellerbewohner. Im Keller oder in den Kühlhäusern liegen Sellerie und Rote Rüben seit ihrer Ernte im letzten Herbst und warten dringend auf ihren Einsatz im Kochtopf und in der Salatschüssel. Legendär ist die Heilkraft der Roten Rübe und vielversprechend ist der Ruf des Selleries für schlappe Liebhaber.

Ob hier die Volksmedizin den Rüben und der Knolle zu viel Power zuschreibt, darüber streiten sich die wissenschaftlichen Geister. Nichts zu deuteln dagegen gibt es an den Forschungsergebnissen der japanischen Wissenschaftlerin Kuriyama. Nach ihren Tests sind die Gemüseesser eindeutig die geborenen Liebhaber. Sie sind feurig, temperamentvoll und neugierig. Fleischesser dagegen nur gierig und unersättlich.

Die Untersuchungen haben – praxisnah (?) – in einem Restaurant stattgefunden. Wahrscheinlich wurden ordentlich Sellerie und Rote Rüben aufgetischt. Die beiden besitzen stark entwässernde und verdauungsfördernde Wirkung und halten so unseren Stoffwechsel fit. Außerdem versorgt uns die Rote Rübe mit vielen wertvollen Aminosäuren, den Vitaminen A, B und C und reichlich Bioflavonoiden, die im Widerstand gegen Viren, Pilze, und Bakterien wichtigen Infektionsschutz bieten. Und der Sellerie verfügt außerdem über viel Kalzium, Eisen, das ätherische Öl Apiin, Vitamin E sowie B-Vitamine. Regelmäßiger Genuss hält gesund, stimmt lebensfroh und optimistisch für gute Testergebnisse.

Sellerie mit Feldsalat

1 Knolle Sellerie, 1 halbe Kartoffel, 100 g Feldsalat, ein paar Blätter Radicchio oder Chicorée, 1 Gelbe Rübe, Zitrone, 1 Scheibe Roggenvollkornbrot, Sonnenblumen- oder Olivenöl, 2 Zehen Knoblauch, Salz und Pfeffer, Weißweinessig

Sellerie schälen und halbieren. Einen halben Sellerie und die halbe Kartoffel würfeln und mit wenig Wasser am besten im Dämpfeinsatz weich dämpfen.

Feldsalat sorgfältig waschen und mit dem Radicchio mischen. Die andere (rohe) Hälfte des Selleries und die Gelbe Rübe wie Bandnudeln in feine Streifen schneiden. Mit Zitronensaft beträufeln. Das Brot würfeln. Öl in der Pfanne erhitzen, klein geschnittenen Knoblauch und die Brotwürfel dazugeben und alles kurz rösten; dabei immer wieder durchschaufeln.

Inzwischen die gekochten Sellerie- und Kartoffelwürfel zerstampfen. So viel von diesem Brei mit so viel Dämpfwasser mischen, dass eine dünnflüssige Soße ensteht. Die Soße mit Salz, Pfeffer, Weißweinessig und Zitronensaft abschmecken und ca. 2 bis 3 EL Öl einrühren.

Die Soße auf vier Salatteller verteilen. Gemüsestreifen locker unter den Feldsalat mischen. Den Salat auf der Soße verteilen und die Brotwürfel über den Salat streuen.

Wichtig: Damit der Feldsalat nicht zusammenfällt, vermischt sich jeder erst bei Tisch den Salat mit der Soße.

Salatrollis mit Sellerieraspeln

1 Knolle Sellerie, 2–3 EL Gemüsewürfel in Olivenöl (siehe Seite 54), ca. 50 g fertig gekochte Weizen- oder Dinkelkörner, Salz und Pfeffer, Zitrone, guter Wein- oder Apfelessig, schöne größere Blätter vom Radicchio und Endivien (oder Kopfsalat); Zahnstocher zum Fixieren

Sellerie raspeln und mit den Gemüsewürfeln und dem Getreide vermischen. Mit Salz, Pfeffer, Zitronensaft und Essig abschmecken.

Salatblätter auslegen und die Sellerieraspel einwickeln. Mit Zahnstocher seitlich fixieren.

Die Rouladen im Wechsel grün und rot auf einer Platte anrichten. Gut passen dazu geröstetes Weißbrot oder Cracker mit Blauschimmelkäse.

Sellerie- oder Steckrübenschnitzel mit Zitronenpanade

2 mittelgroße Sellerieknollen oder Steckrüben, Salz und Pfeffer, 1 Zitrone, 1 Tasse Semmelbrösel, Mehl, Ei, 2–3 Knoblauchzehen, Öl

Sellerie bzw. Rüben in Scheiben von ca. 0,5 cm schneiden und bissfest weich dünsten. Salzen und pfeffern und mit Zitronensaft beträufeln.

Die Schale der Zitrone fein abreiben und mit den Semmelbröseln mischen. Selleriescheiben in Mehl, verquirltem Ei und der Zitronenpanade wenden.

Knoblauch in Scheiben schneiden und in Öl anbraten. Sobald er braun wird, herausfischen; jetzt die Schnitzel mit sanfter Hitze im aromatisierten Öl goldgelb ausbacken. Erneut mit Zitronensaft beträufeln.

Mit Kartoffelsalat servieren. (Die heiße Marinade für den Kartoffelsalat mit dem Selleriekochwasser anmachen.)

Sellerierisotto

300 g Vollkornreis, ca. 300 g Sellerie, Olivenöl, ca. 400 g gehackte Tomaten, Salz, Pfeffer, Wasser oder Brühe, Parmesan

Reis einweichen und ein paar Stunden stehen lassen. Sellerie grob raspeln und in Olivenöl kurz andünsten. Dabei gut umrühren. Mit den passierten Tomaten aufgießen und ein, zwei Gläser Wasser dazu. Salzen und pfeffern und etwa 1/4 Stunde einkochen lassen.

Den Reis abgießen und zur Sellerie-Tomaten-Mischung geben. Das Ganze unter Rühren andünsten und nur so viel Flüssigkeit dazugießen, dass nichts anbrennt und der Reis bei kleiner Hitze köcheln kann.

Aufpassen: Immer wieder umrühren und Wasser oder Brühe nachgießen, bis der Reis fertig ist. Zum Abschluss noch mal abschmecken und mit geriebenem Parmesan servieren.

Selleriedinkel mit Erbsen

ca. 300 g Sellerie, 200 g Dinkel (oder Emmer oder Kamut), 100 g grüne getrocknete Erbsen, ca. 400 g gehackte Tomaten, Salz, Pfeffer, Olivenöl, Wasser, Petersilie, geriebener Käse

Dinkel und Erbsen getrennt über Nacht einweichen. Erbsen im Einweichwasser weich kochen (kann nach Erbsenart bis zu 1 Stunde dauern).

Inzwischen wie beim Sellerierisotto vorgehen, nur statt Reis den eingeweichten Dinkel verwenden.

Am Schluss die Erbsen dazu. Wie beim Risotto aufpassen, dass die Dinkelpfanne schön feucht bleibt, aber nicht suppig wird. Erbsenkochwaser zum Aufgießen verwenden.

Mit gehackter Petersilie überstreuen und geriebenen Käse dazu reichen.

LEICHTER BORSCHTSCH MIT MEERRETTICH

ca. 400 g rote Rüben, ca. 200 g Kartoffeln, 200 g Weißkraut, 1 Stück Meerrettich (ca. 50 g), Sonnenblumenöl, ca. 1 ½ l Wasser (oder Brühe), ein paar Lorbeerblätter, Kümmel, Salz und Pfeffer, Majoran, 1 Becher Sauerrahm, geriebener Meerrettich (frisch oder aus dem Glas), 1 Schale Gartenkresse

Rote Rüben würfeln (ungefähr 1 cm Kantenlänge) und in Öl zusammen mit 1 TL Kümmel und den Lorbeerblättern anbraten. Mit Flüssigkeit aufgießen, das Stück Meerrettich dazugeben und alles ca. 10 Minuten köcheln lassen.

Inzwischen die Kartoffeln schälen und würfeln. Weißkraut in Streifen schneiden. Das restliche Gemüse dazugeben und das Ganze so lange köcheln lassen, bis die Kartoffel gar sind. Meerrettich herausfischen und in den Kompost damit.

Den Borschtsch salzen und pfeffern, mit Majoran abschmecken und pro Teller mit einem Klacks Sauerrahm servieren.

Jeder kann sich bei Tisch entweder frischen Meerrettich über den Borschtsch reiben oder 1 bis 2 TL Meerrettich aus dem Glas in die Suppe rühren. Die Suppe mit Kresse überstreuen. Vollkornbrot dazu reichen.

FLEISCHGERICHT

ORIGINAL BORSCHTSCH

ca. 600 g schweres, gut mit Fett durchwachsenes Fleischstück (z. B. Hochrippe), übrige Zutaten wie bei Leichter Borschtsch

Fleisch in kaltem, leicht gesalzenen Wasser aufsetzen. Langsam zum Kochen bringen und gut 1 1/2 Stunden sieden lassen.

In einem separaten Topf das Gemüse mit wenig Öl andünsten und weiter kochen wie oben. Mit der Fleischsuppe aufgießen und das klein geschnittene Fleisch in die Suppe geben.

Damit Fleisch eine gute Suppe gibt, muss es auslaugen und daher in kaltem Wasser aufgesetzt werden. Wer dagegen gutes Tellerfleisch mag, muss anders vorgehen. Das Fleisch soll saftig bleiben, also die Poren schnell schließen. Daher wird es in kochendes Wasser gelegt. Dafür schmeckt allerdings eine damit zubereitete Suppe nicht so gut.

Roter Morgen mit Joghurt und Knoblauch

Rote Rüben, Naturjoghurt, Salz, Knoblauch

Rote Rüben schälen und grob raspeln. Joghurt salzen und nach Belieben mit mehr oder weniger zerquetschtem Knoblauch vermischen und unter die Roten Rüben ziehen. Mit Hammer und Sichel servieren.

Farblich und geschmacklich passt dazu

Winterpostelein

Postelein auf der Servierplatte neben der roten Rohkost anrichten. Mit einer Salatsoße aus Weißweinessig, Zitronensaft, Salz, Pfeffer und wenig Öl beträufeln

Serviert man diese Vorspeise z. B. zusammen mit Fingernudeln, wird daraus ein komplettes Gericht.

Rote Rüben mit Orangen

2 Rote Rüben, 2 Orangen, Sonnenblumenöl, Rotweinessig, Salz und Pfeffer (am besten weißer aus der Mühle), 1 kleine Zwiebel

Rote Rüben grob raspeln. 1 Orange halbieren und eine Hälfte davon auspressen. Die Roten Rüben mit Orangensaft, Öl, Rotweinessig, Salz und Pfeffer anmachen.

Die restlichen 1 1/2 Orangen schälen und so viel weiße Häutchen wegzupfen wie möglich. Die Orangen mit einem scharfen Messer in dünne Scheiben oder Halbmonde schneiden und mit hauchdünnen Zwiebelringen mischen.

Die Orangen neben den Roten Rüben anrichten und mit Pfeffer übermahlen.

Gut passt auf diesen Rohkostteller noch ein wenig Feldsalat, der, leicht gesalzen, nur mit wenig Öl und Essig beträufelt wird.

Übrigens: Die von den Orangen weggezupften weißen, etwas bitteren Häutchen nicht entsorgen, sondern schnell essen. Angeblich stecken in ihnen jede Menge Bioflavonoide, die unsere Zellen vor den Sauerstoff-Radikalen und somit vor Krebs und Herzinfarkt schützen.

Roter-Rüben-Salat mit Kürbiskernöl

Rote Rüben, Balsamico-Essig, Zitronensaft, Salz und Pfeffer, Kürbiskernöl, Kürbiskerne

Rote Rüben bissfest weich kochen und blättrig aufschneiden. Noch warm mit dem Balsamico-Essig, Zitronensaft, Salz und Pfeffer anmachen. Mindestens 1/4 Stunde ziehen lassen, dann das Kürbiskernöl dazugeben und durchmischen.

Inzwischen die Kürbiskerne trocken in der Pfanne rösten. Den Salat anrichten und mit den Kernen bestreuen. Passt als Vorspeise oder als Beilage zu Kartoffel- oder Getreidebratlingen; auch zu Fleisch.

Barbabietole al forno

Rote Rüben, Außenblätter von Endivien o.ä. (zum Einwickeln), Salz, Olivenöl, Zitronensaft

Die gewaschenen Roten Rüben in die Salatblätter (Außenblätter von Endivien o.ä.) wickeln und am besten wenn ein Kuchen gebacken oder Braten gebraten wird, etwa 1 bis 1 1/2 Stunden im Rohr mitbacken (oder in der Asche vom Lagerfeuer backen).

Schälen und in Scheiben schneiden. Mit Salz überstreuen und mit Olivenöl und Zitronensaft beträufeln.

Roter-Rüben-Gratin

ca. 500 g Rote Rüben, Salz, Pfeffer, Öl, Balsamico-Essig, 1 Becher Sauerrahm, ca. 50 g Frischkäse, 1 Semmel, 2-3 EL Semmelbrösel, 1 EL geriebener Käse

Rote Rüben bissfest weich dünsten und in dünne Scheiben schneiden. Salzen, pfeffern, mit 2 EL Öl vermischen und mit ein paar Spritzern Essig abschmecken.

Reine mit Öl ausstreichen und die Roten Rüben einschichten. Sauerrahm mit dem Frischkäse verrühren und über die Roten Rüben verteilen. Glatt streichen.

Semmel klein würfeln, über den Sauerrahm verteilen und ein wenig eindrücken. Semmelbrösel mit dem Käse mischen und darüber streuen.

Das Ganze im Rohr so lange backen, bis alles schön goldbraun ist. Mit Salat servieren.

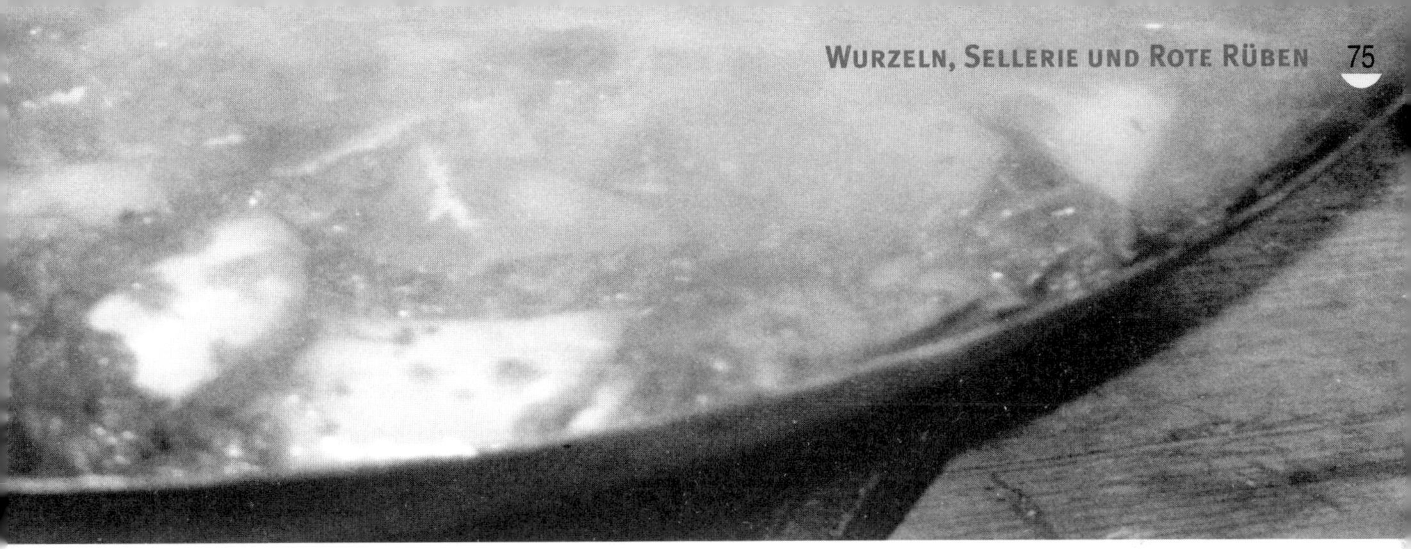

ROT-GRÜNER AUFLAUF

ca. 800 g Rote Rüben, Salz, Pfeffer, Olivenöl, Balsamico-Essig, 100 g Grünkernschrot, 1 Ei, 1 Zwiebel, 1 Becher Sauerrahm, 1-2 EL mittelscharfer Senf, 6 EL geriebener Hartkäse, 1 EL Oregano, ca. 2 EL Semmelbrösel

Rote Rüben bissfest weich dünsten und in dünne Scheiben schneiden. Salzen, pfeffern, mit 2 EL Öl vermischen und mit ein paar Spritzern Essig abschmecken.

Schrot zusammen mit der klein gehackten Zwiebel in Öl oder Butter anbraten. Mit 1/4 l Wasser aufgießen und so lange köcheln lassen, bis das Wasser verschwunden ist (ca. 10 Minuten).

Mit der Hälfte des Sauerrahms, dem Ei, Senf, und ca. 3 EL Käse vermengen. Abschmecken mit Salz, Pfeffer und nach Belieben mit Oregano.

Reine mit Öl ausstreichen und die Hälfte der Roten Rüben einschichten. Darüber den Grünkernteig verteilen und darauf wiederum die zweite Hälfte der Roten Rüben.

Restlichen Sauerrahm mit dem übrigen Käse verrühren und über den Auflauf verteilen. Semmelbrösel darüber streuen und das Ganze im Rohr goldbraun backen.

ROTE SAHNENUDELN

ca. 300 g Rote Rüben, 1/2 Becher süße Sahne, Salz, ein paar Spritzer Zitronensaft, 400 g Bandnudeln oder andere (am besten selbst gemachte) Eiernudeln, Butter, 2-3 EL geriebener Hartkäse, schwarzer Pfeffer aus der Mühle

Rote Rüben am besten im Dämpfeinsatz weich dünsten, schälen und pürieren. Mit der Sahne zu einer cremigen Soße vermischen. Mit Salz und Zitronensaft abschmecken.

Inzwischen die Nudeln al dente kochen. Butter in einem Topf zerlassen, die Soße dazugeben und erhitzen und die noch heißen Nudeln einrühren.

Kurz weiterrühren, bis die Nudeln richtig rot und die Soße eingezogen ist. Die Nudeln mit Käse vermischen und mit schwarzem Pfeffer übermahlen.

Rote Mohnnudeln

200 g Rote Rüben, 200 g mehlig kochende Kartoffel, 1 Ei, ca. 80 g Mehl, Salz, Butter, Honig oder Rohrzucker, 2 EL Mohn

Rote Rüben und Kartoffeln schälen, klein schneiden und weich dämpfen. Zerstampfen und mit dem verschlagenen Ei und so viel Mehl mischen, dass ein formbarer Teig entsteht. Teig leicht salzen.

Teig auf einer bemehlten Fläche zu fingerdicken Würsten ausrollen und fingerlange Nudeln abschneiden. Die Fingernudeln an den Enden zuspitzen und im siedenden Wasser ziehen lassen, bis sie nach oben steigen.

In einer Pfanne ca. 1 bis 2 EL Butter schmelzen, 1 bis 2 EL Honig oder Rohrzucker und den Mohn unterrühren und die heißen Fingernudeln sofort darin wälzen.

Wer will, kann in die heiße Butter noch einen Schuss Obstler, Grappa oder Rum kippen.

Zu Roten Rüben passen Orangen. Also servieren wir die Mohnnudeln mit ein paar Orangenscheiben und

Orangenquark

Quark mit Orangensaft und Honig abschmecken.

Apfelmus oder Apfelquark oder Vanilleeis als Beilage zu den Mohnnudeln schmeckt auch.

Übrigens, manche Menschen haben merkwürdige Vorlieben. Es gibt sogar welche, die mit den Hühnern ins Bett gehen. Statt mit Rüben. Man sollte mit ihnen darüber reden, denn das in den Gelben, in weißen und Roten Rüben sowie im Sellerie enthaltene Melatonin hilft angeblich, gut und erholsam zu schlafen. Melatonin ist ein körpereigenes Hormon, das uns die Zirbeldrüse ins Blut schüttet, um unseren Wach- und Schlafrhythmus zu steuern. Allerdings ist der Vorrat an Melatonin im Körper vom Licht abhängig. An düsteren Wintertagen gibt's wenig auszuschütten mit der Folge, dass wir lange nicht einschlafen können und uns unruhig im Bett wälzen. Die Melatonine in den Rüben kommen da gerade recht. Wer also weiterhin unruhig gackernde Hühner mit ins Bett nimmt, statt ordentlich Rüben zu futtern, dem kann wirklich nicht geholfen werden.

Topinamburpüree

Topinambur, Salz, Pfeffer, Sonnenblumen- oder Olivenöl

Topinambur gut waschen und abbürsten, weich dünsten, eventuell schälen und pürieren. Salzen, pfeffern und mit Olivenöl oder Sonnenblumenöl verrühren.

Als Beilage zu Getreidepflanzerl oder Fleischgerichten oder als Brotaufstrich servieren.

Topinambursuppe mit Rucola

Topinambur, Butter, Salz, Pfeffer, Sahne, Rucola

Topinambur gut bürsten oder schälen, klein würfeln, in Butter anschwitzen und mit wenig Wasser weich dünsten.

Wenn der Topinambur weich und das Wasser eingedampft ist, pürieren. Mit Wasser aufgießen, salzen und pfeffern und mit Sahne abschmecken. Vor dem Servieren fein gehackten Rucola (und/oder Petersilie) einstreuen.

FREIHEIT, ABENTEUER UND DER GESCHMACK VON TOPINAMPUR

Topinambur ist ein Indianeressen voller Abenteuer und wilder Schönheit. Letzteres allerdings nur, wenn man die Knollen nicht isst, sondern wachsen lässt. Dann blüht im Herbst ein Meer von kleinen Sonnenblumen.

Die Heimat des Topinambur ist Nordamerika, kultiviert wurde er zuerst von den Indianern, und seinen Namen hat er vom Stamm der Topinambus.

Ein ideales Gemüse also für unsere Kids. Schnell sollte man sie auf den Geschmack bringen, bevor sie die Abenteuer woanders suchen und womöglich bei Mac Donalds hängen bleiben.

Ob diese geschmackliche Erziehung allerdings gelingt, hängt mehr vom pädagogischen Geschick der Eltern als von der Knolle ab. Denn viel falsch machen kann man bei der Zubereitung eigentlich nicht. Nur zwei Regeln sollte man sich merken:

Wer den Topinambur roh serviert, sollte ihn grob raspeln, weil der Genuss einer unzerkleinerten Knolle (ähnlich wie bei einer rohen Kartoffel) gute Zähne und einen abenteuerlichen Appetit voraussetzt.

Zweitens sollte man darauf achten, dass man nicht zu viel Wasser verwendet, wenn man die Knollen kocht. Denn dann ist der Geschmack weg. Also am besten im Dämpfeinsatz oder mit Öl oder Butter und wenig Wasser weich dämpfen. Als Püree zerdrückt ist er für viele eine echte Überraschung, die ihre kulinarischen Erfahrungen mit dem Wilden Westen bisher nur mit Mayo, Ketchup und Kaugummi sammeln durften.

Übrigens sollte Topinambur nicht unbedingt geschält werden, da, wie fast überall, die meisten und besten Vitamine und Mineralstoffe unter der Schale stecken. Es gibt allerdings sehr dickschalige Sorten, die den Geschmack, das Aussehen, die Gleit- und Schluckkonsistenz von Pürees und Suppen beeinträchtigen. Also von Fall zu Fall entscheiden.

Auf keinen Fall geschält werden sollte der Topinambur, wenn er roh gegessen wird, was wir hoffentlich regelmäßig tun. Neben vielen Vitaminen, Kalzium, Eisen und Phosphor ist der hohe Gehalt von Inulin (16 %), einem stärkeähnlichen Kohlehydrat, von besonderer Bedeutung. Das Inulin wird im Körper zu Fruchtzucker, einer besonders gut verträglichen Zuckerform, aufgespalten. Der Topinamabur ist deshalb ein für Diabetiker wertvolles und unersetzliches Lebensmittel.

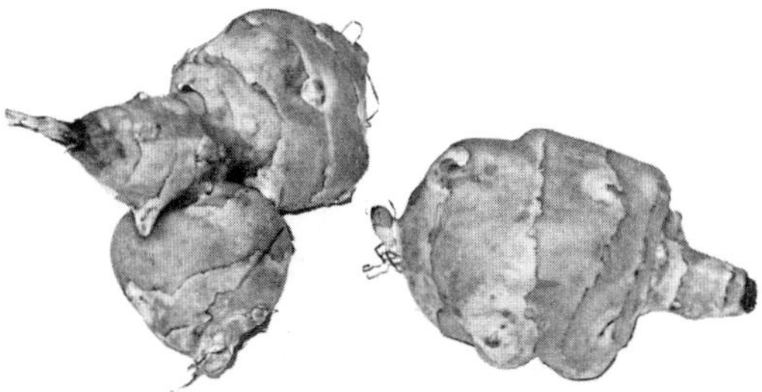

Topinambur-Rohkost

Topinambur, 1 kleine Zwiebel, Zuckerhut (oder Endivien bzw. Radicchio), Apfelessig, Sonnenblumen- oder Hanföl, Salz und Pfeffer, Kürbiskerne

Topinambur grob raspeln. Zwiebel in feine Ringe und Zuckerhut in Streifen schneiden.

Alles mischen und mit Essig, Öl, Salz und Pfeffer anmachen. Mit in der Pfanne trocken gerösteten Kürbiskernen bestreuen.

Geraspelter Topinambur kann natürlich mit allen möglichen Salaten oder geraspelten Gemüsen gemischt und angemacht werden. Roh schmeckt er interessant nussig und sollte nicht zu sehr in einem bunten Allerlei untergehen. Also die anderen Gemüse eher nur beimischen. Frisch, nussig und interessant ist auch die Kombination mit der Zitrone in einem

Zitronambur

Topinambur, Zitrone, Olivenöl, 1 getrocknete, eventuell in Öl eingelegte Tomate, Petersilie, Salz und Pfeffer

Zitrone gut waschen und die Schale fein abreiben. Auspressen.

Mit der geriebenen Schale, Öl, Salz, Pfeffer und so viel Zitronensaft, wie einem schmeckt, eine Marinade herstellen.

Getrocknete Tomate ganz klein würfeln, dazugeben und mindestens 10 Minuten beizen lassen.

Petersilie fein hacken und zusammen mit dem grob geraspelten Topinambur mit der Marinade vermischen.

Geschmorter Topinambur mit Knoblauch

ca. 600 g Topinambur, 3-4 Knoblauchzehen, 1 Bund Petersilie, Olivenöl, Salz, Pfeffer

Topinambur gut waschen, putzen und bürsten. In ca. 2 cm dicke Scheiben schneiden.

Knoblauch in feine Scheiben schneiden und Petersilie klein hacken. In einem Topf mit schwerem Boden das Öl erwärmen und den Knoblauch und die Petersilie bei schwacher Hitze so lange braten, bis der Knoblauch leicht Farbe annimmt (nicht braun werden lassen!).

Topinambur und so viel Wasser dazugeben, dass er gerade davon bedeckt ist. Deckel drauf. Bei wenig Hitze etwa 10 Minuten köcheln lassen. Deckel runter und so lange weiterköcheln lassen, bis die Flüssigkeit eingekocht ist. Salzen, pfeffern und mit Zitronensaft abschmecken.

Der Geschmack von Topinambur erinnert an die Artischocke. Geschmorter Topinambur kann deshalb genauso wie geschmorte Artischockenherzen z. B. mit Spaghetti in einer einfachen Tomatensoße serviert werden. Oder als Vorspeise nur mit Brot, oder als Beilage zu Risottos und Fleischgerichten.

Die geschmackliche Verwandtschaft mit der Artischocke erklärt zwar, warum die ursprüngliche Indianerknolle früher „Erdschocke" hieß, aber nicht, warum sie sonderbarerweise auch noch als „Jerusalem-Artischocke" bezeichnet wurde. In England wird sie heute noch so genannt, und in Italien nennt man sie „Carciofo di Giudea". Offenbar hat der Topinambur viel durcheinander gebracht, denn das „Jerusalem" kommt nicht aus dem Nahen Osten, sondern von „Girasol", was im Spanischen soviel wie Sonnenblume bedeutet.
Und wie die gelben Sonnenblumen der Erdschocke ist auch das folgende Gericht, das durch die Verwendung von Sardellen oder Thunfisch einen deutlich mediterranen Einschlag hat, der Sonne zugewandt. Der Fisch kann aber auch weggelassen werden.

Topitarte

Mürbeteig aus 200 g Mehl (siehe nächste Seite), ca. 700 g Topinambur, 4–5 Knoblauchzehen, 1 Bund Petersilie, Olivenöl, 1 Dose Thunfisch oder ein 50-g-Glas in Salz eingelegte Sardellen, Salz und Pfeffer, 2 Eier, 1 Becher Sauerrahm, ca. 100 g geriebener Käse (Parmesan, Pecorino oder anderer würziger Hartkäse), nach Belieben Oregano oder Basilikum

Topinambur waschen, sauber bürsten und in knapp 0,5 cm dicke Scheiben schneiden. Wie oben („Geschmorter Topinambur mit Knoblauch") zubereiten.

Thunfisch oder Sardellen zerpflücken und unter den fertig geschmorten Topinambur mischen. Vorsichtig salzen und pfeffern.

Eier verschlagen, mit Sauerrahm und geriebenem Käse vermischen, salzen, pfeffern, nach Belieben mit Oregano oder Basilikum abschmecken.

Inzwischen Tarteform oder Bratreine mit Öl ausstreichen. Teig etwa 0,5 cm dick auf einem leicht bemehlten Brett so groß ausrollen, dass die Form ausgefüllt wird und ein guter Rand übersteht. Im vorgeheizten Backrohr (200 °C) gut 10 Minuten vorbacken.

Topinambur-Mischung auf dem vorgebackenen Teig verteilen und die Eier-Käse-Mischung darüber verteilen. Tarte im heißen Ofen weiterbacken, bis uns die Oberfläche schön goldbraun entgegenstrahlt.

Übrigens, eine Tarte oder Quiche, auch als simpler Gemüsekuchen bekannt, ist schnell und völlig problemlos gemacht. Weder allzu viel Erfahrung noch Geschick sind erforderlich, nur ein bisschen Planung. Kein Grund also für eine Fertigpizza oder anderes tiefgekühltes Schachtelfood. Und das bisschen Teigkneten dient der Stressabfuhr. Die richtige Pausenbeschäftigung also für wichtige Leute. Manager und so, die schnell mal kreativ sein müssen.

GRUNDREZEPT

Mürbeteig

Ölteig: 200 g fein gemahlenes Vollkornmehl (am besten Dinkel), Salz, 2 EL Olivenöl, 1/8 l Wasser

Mürbeteig mit Butter und Joghurt: 200 g frisch gemahlenes Vollkornmehl (am besten Dinkel), Salz, 35 g kalte Butter, 80 g Joghurt, 1/8 l Wasser

Mehl mit Salz vermischen und Öl und Wasser einkneten (Ölteig), oder die kalte Butter in Stückchen geschnitten zusammen mit dem Joghurt einarbeiten (Mürbeteig). Es sollte ein weicher, saftiger Teig entstehen. Also nach Bedarf noch 1 oder 2 EL Wasser einarbeiten. Der Teig sollte mindestens 1/2 Stunde zur Kugel gerollt und zugedeckt im Kühlschrank ruhen.

Wer einen richtig aromatischen Teig will und die versteckten Fette nicht scheut, kann bei der zweiten Variante anstelle des Joghurts eine Unmenge Butter (genauso viel wie Mehl) einarbeiten. Gesund und notwendig ist das nicht, schmeckt aber nicht übel.

Petersilienwurzel, Gelbe Rüben, Pastinaken, Steckrüben, Sellerie, Rote Rüben, Topinambur, aber auch Wirsing, Endivien, Radicchio und Zuckerhut, also praktisch von jedem Rezept bisher ist wahrscheinlich etwas übrig geblieben. Alles, was an verwertbaren Resten noch im Kühlschrank ist, kommt jetzt ins Finale grande.
Das gilt nicht nur für Gemüse, sondern auch für Käse, Schinken, Speck, Nüsse und andere Reste, wie eingedickte Spaghettisoßen, Nudeln, Reis, Fisch und Braten. Je größer das Durcheinander, um so interessanter das Ergebnis. Allerdings immer gut dranbleiben, mitdenken, zwischendrin abschmecken, und nicht unbedingt Fisch und Fleisch mischen, außer bei ausdrücklicher Vorliebe für gewagte Gemüsekuchen.

Ramadama Rübentorte

bis zu 800 g gemischtes Gemüse, Olivenöl und/oder Butter, diverse Reste, 2–3 Eier, 1 Becher Sauerrahm, Milch, ca. 100–120 g geriebener Käse, Salz und Pfeffer, Mürbeteig wie oben, Gewürze nach Belieben und passend zu den Zutaten, etwa Muskat oder Macisblüte, wenn Nüsse und milde Käse den Geschmack dominieren, dagegen Basilikum, Oregano, Rosmarin und Knoblauch, wenn eingekochte Tomatensoßen, Speck und ähnliches verwendet werden.

Gemischtes Gemüse in Scheiben oder Streifen schneiden. In Öl, Butter oder einer Butter-Öl-Mischung und wenig Wasser bissfest weich dünsten.

Das Ganze mit klein gehackten, eingedickten oder geschnittenen Resten vermischen. Alles mit Salz, Pfeffer und Gewürzen abschmecken.

Tarte fertigstellen wie oben (siehe Topitarte) beschrieben.

Falls Nüsse oder Samen verwendet werden: In einer Pfanne trocken rösten und klein hacken. Haselnüsse nach dem Rösten in einem Tuch reiben, damit sich die Schale löst, und die Nüsse anschließend hacken oder mit dem Messerrücken zerdrücken.

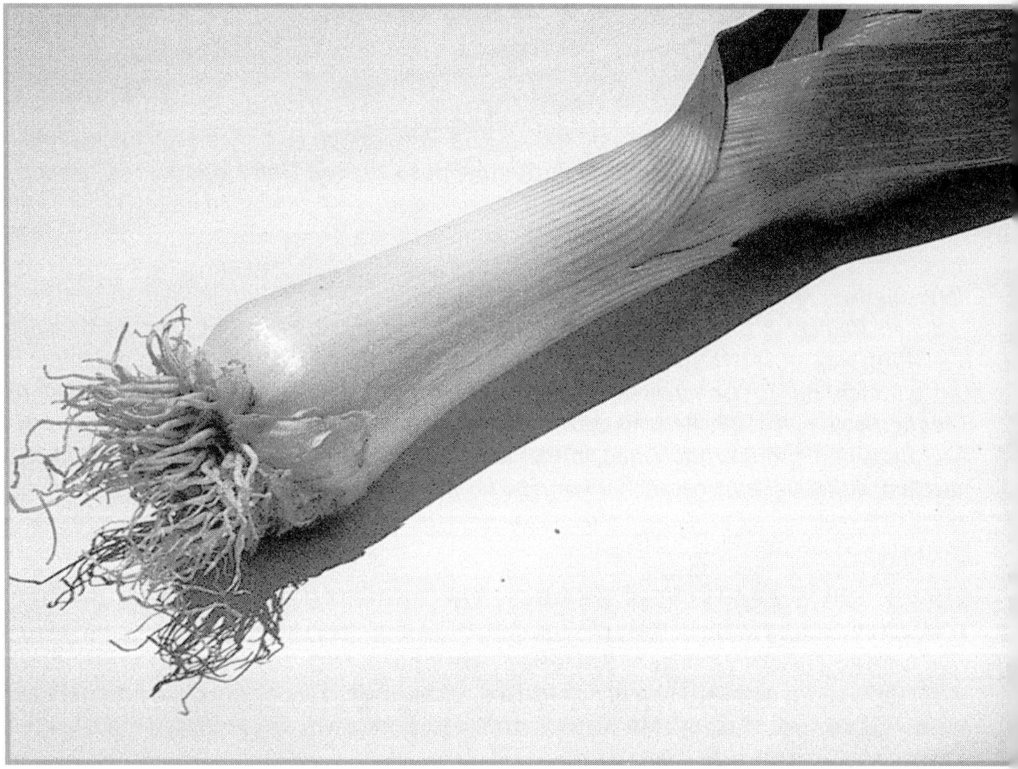

LAUCH UND LIEBE – ZWIEBELN, KNOBLAUCH UND ANDERE SCHARFMACHER

Lauch ist ein musikalisches Gemüse. Geschickte Heimwerker sollen sogar Flöten aus den Lauchstangen schnitzen. Schon der alte Kaiser Nero verzehrte angeblich jeden Tag Unmengen von Lauch, um besser singen zu können.

Zu welcher Art von Dröhung oder Flötentönen der Lauchgenuss tatsächlich führt, ist sicher unterschiedlich. Bei dem einen wirken sich seine feinen Senföle mehr auf die Schleimhäute der Atemwege und der Stimmbänder in förderlicher Weise aus, bei den anderen eher auf die Verdauung. So oder so: auf alle Fälle ist Lauch außerordentlich gesund und sorgt für reichlich Unterhaltung.

Der Atem nach reichlichem Lauch- und Zwiebelgenuss soll dem Näherkommen allerdings nicht ganz so zuträglich sein. Das Einfachste wäre es in diesem Falle, wenn die oder der Angebete ebenfalls reichlich Liliengewächse zu sich nähme. Ansonsten hilft auch das Kauen von Petersilie.

Überhaupt sollten wir manche unserer Verhaltensweisen überdenken. Statt unsere Mitmenschen vor Knoblauch- und Zwiebeldüften zu schützen, sollten wir sie vielmehr einmal einladen, auf einen Teller rohe Zwiebeln oder auf eine Knoblauchzehe raufzukommen und nicht auf einen Drink oder die obligatorische Tasse Kaffee. Wer weiß, was sich daraus ergäbe…

Auf alle Fälle sind neue Umgangsformen gefragt, denn Zwiebeln, Knoblauch und Lauch gehören täglich und am besten roh auf den Tisch. Das hat die Natur auch ganz vernünftig eingerichtet: Aufgrund ihrer guten Lagerfähigkeit stehen uns Zwiebeln und Knoblauch das ganze Jahr über zur Verfügung, und auch die Versorgung mit frischen Zwiebeln und frischem Lauch funktioniert nahezu lückenlos. Denn gehen im Frühjahr der eingelagerte Lauch und die getrockneten Zwiebeln allmählich zu Ende, gibt's schon wieder den frischen Lauch vom neuen Jahr, dazu Heckenzwiebeln, grüne Knoblauchstangen, Frühlingszwiebeln und bald auch büschelweise den ersten Bärlauch.

Wer dieses Angebot regelmäßig und reichlich nutzt, hat gute Aussichten auf ein langes, gesundes und sinnenfreudiges Leben. Schon im Talmud steht, dass reichlicher Lauchgenuss ein strahlendes Gesicht verleiht, das Sperma vermehrt und Kleinlebewesen in den Därmen tötet. Beste Voraussetzungen also für eine gute, dauerhafte und in jeder Hinsicht störungsfreie Beziehung.

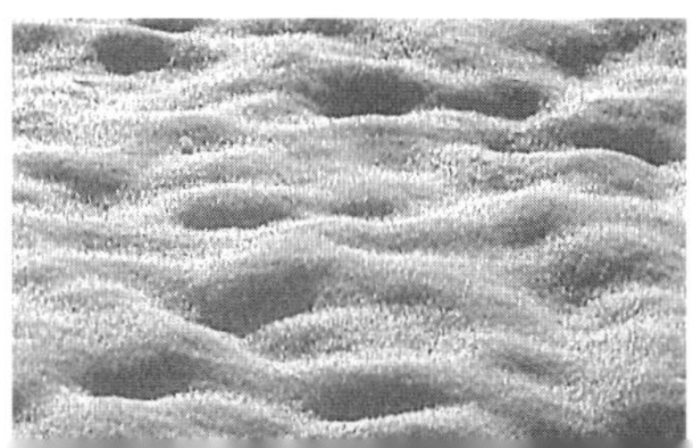

Überbackene Lauchsuppe

500 g Lauch, Butter oder Olivenöl (oder Butter-Öl-Mischung), 1 Glas Weißwein, Salz, Pfeffer, 4 Scheiben geröstetes Vollkornbrot, 100 g geriebener Käse, 4 Eidotter

Lauch putzen und in Ringe schneiden. Unter Rühren in Öl oder Butter kräftig anbraten. Mit Weißwein ablöschen.

Wein eindampfen lassen und mit 1 l Wasser aufgießen. Salzen und pfeffern. Suppe so lange köcheln lassen, bis der Lauch bissfest weich ist.

Suppe auf 4 feuerfeste Tassen verteilen. Brotscheiben auf den Suppen verteilen, Käse darüber streuen. Im vorgeheizten Backrohr so lange backen, bis der Käse geschmolzen ist.

Pro Suppentasse einen rohen Eidotter auf den Käse setzen. Sofort servieren.

Ofenlauch

Lauchstangen, Olivenöl, Salz und Pfeffer

Lauchstangen gut waschen, welke Blätter wegputzen. Das Wurzelende abschneiden und den Lauch in ca. 10 cm lange Stücke schneiden. Abschnitte für eine Suppe aufheben.

Lauchstangen im Backrohr auf dem Rost auslegen. So lange backen, bis die Stangen weich sind (Gabelprobe). Das dauert je nach Hitze und Stangendicke 20 bis 30 Minuten.

Die Lauchstangen der Länge nach aufschlitzen und die verbrannte äußere Haut ablösen und in den Kompost werfen. Lauchstangen auf Teller auslegen, auseinander klappen und mit Olivenöl beträufeln. Salzen und pfeffern.

Lauchstangen aus dem Ofen sind die einfachste und wahrscheinlich beste Art der Lauchzubereitung. Am vernünftigsten bäckt man den Lauch, wenn sowieso schon ein Auflauf oder Braten im Ofen steht, und legt die Stangen links und rechts neben der Reine aus. Lauch al forno ist die Vorspeise schlechthin. Sie macht fast keine Arbeit und der feine, zarte und schmelzende „Gusto" erlaubt es, die Stangen separat allenfalls mit einem Stück Brot zu servieren. Sie schmecken allerdings auch zu Fleisch.
Die mundgerechte Aufgabelung der längs zur Faser aufzuteilenden Stangen erfordert freilich die volle Aufmerksamkeit des Essers und gibt jedem Gelegenheit, sein Geschick mit Messer und Gabel unter Beweis zu stellen.

Anneliese-Lauch

Lauch, Salz, Käse, Olivenöl

Lauch putzen wie oben beschrieben. Pro 100 g Lauch ca. 20 g gut gereiften Käse, wie Sbrinz, Parmesan oder alten Bergkäse mit 2 EL Olivenöl vermischen, salzen und mit Öl sämig rühren.

Die Lauchstücke darin wenden und auf einem geölten Backblech verteilen. Restliche Käse-Öl-Mischung über die Stückchen träufeln. Lauch im Backrohr bei 200 °C ca. 15 bis 20 Minuten backen.

PORRELONI

6 oder 7 dicke Lauchstangen, Öl, Grünkernfüllung (siehe unten), Weißwein

Von den Lauchstangen das Wurzelende abschneiden und den Schaft in etwa 6 bis 7 cm lange Stücke schneiden.

Lauchgrün und auseinanderfallende Abschnitte zur Seite stellen. Mit dem Kochlöffelende aus den Lauchstücken vorsichtig das Innere herausdrücken, damit Röhren entstehen. Das geht in der Regel ganz einfach, wenn man in die richtige Richtung schiebt, also so wie der Lauch gewachsen ist, das heißt von unten nach oben. Die Röhre soll mindestens aus 2, besser 3 Hülsen bestehen. Lauch-Inneres für die Füllung zur Seite stellen.

Füllung locker in die Röhren stopfen, da der Teig noch auseinander geht. Eine Reine mit Öl ausstreichen, Porreloni hineinsetzen, mit Öl beträufeln und mit Wein (oder Wasser) aufgießen. Im Rohr etwa 30 bis 40 Minuten bei ca. 180 °C backen.

Die Porreloni schmecken warm und noch besser kalt. Als Imbiss oder Vorspeise mit Salat anrichten. Aber auch als Hauptspeise in Tomatensoße geschmort, oder wie richtige Canneloni mit einer Béchamelsoße zubereitet schmecken sie ausgezeichnet.

Alternative: die Porreloni auf dem Holzkohlengrill bei sanfter Hitze grillen. Da beim Grillen die Enden hart werden und austrocknen, empfiehlt es sich, die Stangen vor dem Servieren zuzuschneiden oder die Enden mit einem Salatblatt oder Ähnlichem abzudecken. Nicht zustopfen! Die gegrillten Porreloni kann man auch wie Bratwürste mit Senf servieren.

Übrigens, die erste Hülse wird durch das Braten oder Grillen relativ zäh oder verbrennt. Nach einem vorsichtigen Längsschnitt kann sie aufgeklappt und entfernt werden. Menschen mit guten Messern oder kräftigen Zähnen können sie aber auch kleinkriegen. Beim Essen ist es immer sinnvoll, die geschmorten Lauchhülsen oder Stücke der Länge nach in Streifen zu schneiden und dann aufzugabeln, bevor man mit den üblichen stumpfen Tafelmessern auf den Tellern herumquietscht. Soviel zu Benimmfragen beim Lauchessen.

FÜLLUNG

GRÜNKERNFÜLLUNG

100 g Grünkern (oder Dinkel, Emmer, Weizen oder Kamut), Butter, Olivenöl, 150 g Lauch-Inneres, 1 Ei, Petersilie, 100 g Sauerrahm oder 60-80 g Frischkäse, nach Bedarf Semmelbrösel (am besten von Vollkornsemmeln), Salz und Pfeffer

Grünkern fein schroten und in einer Butter-Öl Mischung unter Schaufeln kurz anrösten. Mit 1/4 l Wasser aufgießen.

In der Pfanne ca. 1 Stunde ausquellen lassen und anschließend unter ständigem Schaufeln so lange trocken braten, bis ein fester Brei entsteht (dauert etwa 5 Minuten). Zur Seite stellen und abkühlen lassen.

Inzwischen vom bei der Zubereitung der Porreloni-Hülsen entnommenen Lauch-Inneren etwa 150 g klein schneiden und in Butter bzw. Öl bissfest weich schmoren.

Das Ei verschlagen. Petersilie klein hacken. Sauerrahm (oder Frischkäse), Ei, Lauch und Petersilie mit dem Grünkernteig und so viel Semmelbrösel (ungefähr 2 EL) vermischen, dass ein einigermaßen haltbarer Teig entsteht. Salzen und pfeffern.

Unverbesserliche Fleischfreunde können dem Getreideteig natürlich noch klein gewürfelten Speck beigeben. Schmeckt auch nicht schlecht.

Lauchhülsen können natürlich auch zum Füllen mit Hackfleisch verwendet werden. Das kann durchaus sinnvoll sein, da Fleischpflanzerl auf dem Grill leicht anbrennen oder – was total ungesund ist – verrußen. Außerdem stehen Wurstdärme erfahrungsgemäß immer dann nicht zur Verfügung, wenn man gerade mal Lust auf ein Würstchen hätte; ein paar Lauchstangen sind dagegen leicht aufzutreiben. Dabei bedient man sich zum Befüllen dünner Lauchhülsen am besten einer Kuchenspritztülle. Hier ein Rezept für ein italienisches Würstchen:

FLEISCHGERICHT

SALSICCIA

150 g Speck, 150 g Caciocavallo oder anderer Butterkäse (Emmentaler, Gouda o.ä. geht auch), 3 Zehen Knoblauch, 1 Bund Petersilie, Salz, grob gemahlener schwarzer Pfeffer, 600 g Hackfleisch (Schwein, gemischt oder Lamm), etwa 1 TL Fenchelsamen, ca. 1 TL klein gehackte Salbeiblätter, 1 TL klein gehackter Rosmarin, nach Belieben scharfe, getrocknete Peperoni, Lauchhülsen

Speck ganz klein schneiden oder durch den Fleischwolf drehen, Käse grob raffeln oder klein würfeln, Knoblauch zerquetschen und Petersilie klein hacken.

Fleisch und alle anderen Zutaten vermischen und gut mit Salz, Pfeffer und nach Belieben, aber vorsichtig, mit klein gehackter Peperoni abschmecken. Das Ganze in Lauchhülsen oder Wurstdärme füllen.

Die Würstchen grillen oder in der Pfanne braten. Gut schmeckt dieser Wurstteig auch als Füllung in ausgehöhlten Zwiebeln mit Tomatensoße.

Wer diesen Wurstteig in Lauchhülsen füllt, kann vom übrigen klein gehackten Lauch ein wenig in den Teig manschen. Allerdings empfiehlt es sich, den Lauch vorher weich zu schmoren. Will man das Würstchen dagegen pur, kann man den Lauchrest einfach als Beilage schmoren, oder man macht damit einen

LAUCHSALAT

Lauch, Weißweinessig, Sonnenblumen- oder Olivenöl, Salz, Pfeffer

Lauch in Streifen von etwa 5 cm Länge schneiden und in wenig Wasser bissfest weich dünsten. Abtropfen lassen. Aus Essig, Öl, Dünstwasser, Salz und Pfeffer eine Salatsoße abschmecken und über den noch warmen Lauch gießen.

Man kann auch noch nach Belieben 1 oder 2 getrocknete Tomaten klein schneiden, etwa 1/2 Stunde in Essigwasser (Verhältnis 1 zu 2) beizen lassen und sie dann mit den anderen Soßenzutaten vermengen.

Korianderlauch

8 mittelgroße Lauchstangen, Olivenöl, 1–2 EL Korianderkörner, 4 kleine getrocknete Peperoni (wer's so richtig scharf will, kann auch mehr dazu tun), 4–6 Lorbeerblätter, Salz, Pfeffer, 1 Glas trockener Weißwein, Weißweinessig

Lauch gut putzen und in etwa 4 cm lange Stücke schneiden. In Olivenöl kräftig anbraten. Koriander, Peperoni und Lorbeer dazugeben und unter gelegentlichem Wenden ca. 10 Minuten weiterschmoren. Salzen und pfeffern und mit Weißwein ablöschen.

Jetzt den Lauch am besten im Backrohr (geht aber auch in der Pfanne) so lange schmoren, bis alle Flüssigkeit eingekocht und der Lauch bissfest ist. Mit ein paar kräftigen Spritzern Essig abschmecken.

Am besten lauwarm servieren. Ideal fürs Bufett.

Fazoletti mit Lauch

Fazoletti (Teigplatten aus 300 g Hartweizengrieß, Weizenmehl Type 1050 und 3 Eiern), Butter, Salbei, Salz und Peffer, 4 EL Tomatensoße (am besten Rest vom Vortag)

Die Fazoletti im siedenden Wasser köcheln lassen, bis sie nach oben kommen. Aufpassen, dass sie sich nicht am Topfboden anlegen. Daher vorsichtig umrühren!

Die Nudeln mit einer Schaumkelle aus dem Wasser heben und auslegen. Mit der Lauchfüllung bestreichen und wie ein Taschentuch zweimal zusammenfalten.

Butter erhitzen und mit klein gehacktem Salbei, Salz und Pfeffer würzen. Fazoletti auf den vorgewärmten Tellern anrichten. Mit der heißen Butter übergießen und im vorgeheizten Backrohr kurz überbacken. Mit 1 EL heißer Tomatensoße servieren.

„Fazoletti" sind eigentlich Taschentücher; im kulinarischen Bereich meint man damit quadratische Nudelplatten, die als handgemachte Eiernudeln am besten sind. Wer Zeit und Lust hat, knetet sich einen Nudelteig (siehe Seite 47) und schneidet die ausgerollten Teigplatten rechteckig zu (ca. 16 x 16 cm). Wer zum Nudelmachen keine Zeit und Lust hat, kauft sich Lasagneplatten. Die al dente gegarten Platten mit der Füllung einstreichen und 3 oder 4 Schichten übereinander legen.

F Ü L L U N G

Lauchfüllung

3 mittlere Lauchstangen, Butter, 200 g Quark, 100 g geriebener Bergkäse, Salz und Pfeffer

Lauch putzen, klein schneiden und in Butter bissfest weich dünsten. Noch warm mit dem Quark und dem Bergkäse vermischen. Mit Salz und Pfeffer abschmecken. Nicht abkühlen lassen. Nudeln sofort füllen oder einstreichen.

Lauch mit Tomatensosse und Kartoffeln

ca. 600 g Lauch, Olivenöl oder Butter, 3–4 Lorbeerblätter, 1 Glas Rotwein (bzw. Brühe oder Wasser), 1 Glas gehackte Tomaten (ca. 400 g), 500 g gekochte Kartoffeln (fest kochende Sorte), Salz, Pfeffer, Rotweinessig

Lauch putzen und in ca. 4 cm lange Stücke schneiden. Kräftig in Öl oder Butter anbraten.

Lorbeerblätter dazu, mit Wein (bzw. Brühe oder Wasser) löschen und so lange weiterschmoren lassen, bis alle Flüssigkeit eingedampft ist.

Jetzt die Tomaten dazugeben und mit so viel Wasser aufgießen, dass eine schöne sämige Soße entsteht.

Kartoffeln schälen und je nach Größe halbieren oder vierteln und zum Lauch geben. Salzen und pfeffern und so lange köcheln oder im Rohr schmoren lassen, bis der Lauch bissfest weich und alles schön heiß ist.

Das Ganze nach Belieben mit ein paar Spritzern Essig abschmecken. Als Hauptgericht servieren. Gut schmeckt auch ein Ring heißer Lyonerwurst dazu.

Lauchstrudel

Strudelteig, Strudelfüllung, 1 Eigelb

Strudelteig wie auf nächster Seite beschrieben vorbereiten. Füllung zubereiten (siehe nächste Seite) und auf dem ausgezogenen Teig verteilen.

Teig links und rechts umklappen und das Ganze aufrollen, indem man mit beiden Händen das darunter liegende Küchentuch vorsichtig hochzieht.

Aufgerollte Strudel in eine geölte Bratreine setzen und mit verschlagenem Eigelb bestreichen. Im vorgeheizten Backrohr bei 180 °C etwa 40 Minuten backen.

Dazu passt Eindivien- oder ein anderer Blattsalat.

Vorsicht bei Strudel! Hoch kompliziert! Das ist nix für die einfache und schnelle Küche. Aber alle unsere Omas haben ihn schon gebacken, und die Omas der Generation davor und die davor auch schon. Der Strudel ist ein wichtiges und wohlschmeckendes Kulturerbe und uns anvertraut, ihn von Generation zu Generation weiterzugeben. Unsere Kinder und Kindeskinder würden sich schön bei uns bedanken, wenn sich die Spur des Strudels in den historischen Sackgassen von Fastfood, Functional Food und anderen unappetitlichen Entwicklungen verlieren würde. Also ran an den Strudel bei der nächsten sich bietenden Gelegenheit!

GRUNDREZEPT

STRUDELTEIG

400 g fein gemahlenes Vollkornmehl (Weizen oder Dinkel) oder Typenmehl 1050, Oliven- oder Sonnenblumenöl, 1/2 TL Salz, ca. 0,2 l lauwarmes Wasser

Mehl auf den Tisch oder auf ein Backbrett schütten. In der Mitte eine Mulde eindrücken. Ca. 4 EL Öl, das Salz und das Wasser in die Mulde geben und alles zu einem weichen, aber stabilen Teig vermengen. Gut durchkneten und ein paar Mal kraftvoll auf den Tisch werfen.

2 Laibe formen, mit Öl einpinseln und in einer angewärmten Schüssel unter einem Tuch mindestens 1/2 Stunde ruhen lassen.

Wer wenig Übung hat, macht lieber mehrere kleine Strudel. Teiglaibe also eventuell nochmals aufteilen.

Auf einem bemehlten Küchentuch die Teigstücke so dünn wie möglich ausrollen. Mit bemehlten Händen von beiden Seiten unter den Teig fassen und ihn von innen nach außen immer dünner auseinander ziehen. Löcher mit Teigstückchen zukleben und dicke Ränder wegschneiden.

FÜLLUNG

STRUDELFÜLLUNG

10 mittelgroße Lauchstangen, 150-200 g Wammerl (geräucherter Bauchspeck; alternativ 1 Becher Sauerrahm), Oliven- oder Sonnenblumenöl, Salz und Pfeffer

Lauch putzen und in Ringe schneiden, Wammerl klein schneiden und alles in Öl nicht zu weich dünsten. Mit Salz und Pfeffer abschmecken. Falls kein Fleisch gewünscht wird, Sauerrahm in den gedünsteten Lauch einrühren.

GREMOLADA

Knoblauch, Petersilie oder Petersilienwurzel (ab Frühjahr auch Kohlrabi, Fenchel, Radieschen, frische Kräuter usw. mitverwenden), Salz, Zitronenschale

Knoblauch und Petersilie (Kohlrabi, Radieschen...) ganz fein hacken, mit Salz und geriebener Zitronenschale abschmecken.

Das fein gehackte Gemüse kann man über das Frühstücksbrot streuen, über die Rohkost oder über in Butter geschwenkte Kartoffeln; man kann es aber auch in den Quark oder den Salat mischen. Passt auch über Fleisch und Fisch.

Klassisch zubereitet (also ohne Kohlrabi usw.) wird die Gremolada vor dem Servieren über die fertig geschmorten Scheiben eines Ossobuco (Kalbshaxe) gestreut. Haxen gibt's aber nicht mehr jeden Tag. Dafür verstreuen wir jetzt das fein gehackte Gemüse täglich bei jeder sich bietenden Gelegenheit und sorgen so für die regelmäßige Zufuhr von Vitaminen und Mineralstoffen.
Die Zitronenschale schmeckt nicht jedem und sollte deshalb vorsichtig verwendet werden.
Alternativ kann man statt Knoblauch auch fein gehackte Zwiebeln verwenden, aber nicht unbedingt beide zusammen. Denn wie im richtigen Leben vertragen sich nahe Verwandte oft nur auf Distanz. Wer beide zusammen roh genießt, sollte sich auf unangenehme Gärungen einstellen.

GRUNDREZEPT

Knoblauchbrühe

2 große Knoblauchknollen, 2–3 Lorbeerblätter, 4–5 schwarze Pfefferkörner, 12 Salbeiblätter, 1 l Wasser, Salz

Knolle in Zehen zerlegen und Zehen schälen. Zusammen mit den Lorbeerblättern, den Pfefferkörnern und den Salbeiblättern ca. 40 Minuten köcheln lassen. Brühe salzen und abseihen.

Diese Brühe kann im verschlossenem Glas im Kühlschrank oder im kühlen Hausgang für ein paar Tage aufbewahrt und für schnelle Suppen und Soßen verwendet werden. Da für die Brühe keinerlei Fett verwendet wird, sollte nach Geschmack Olivenöl, Sonnenblumen- oder Hanföl zum Aromatisieren der Suppe bei Tisch bereitstehen.

Eier-Brösel-Suppe

4 Eier, 4 EL fein geriebener gut gereifter Schnittkäse, 30 g flüssige Butter, 4–6 EL Semmelbrösel, Salz, Pfeffer, Knoblauchbrühe (aus 1 l Wasser), Olivenöl, Schnittlauch

Eier mit dem Schneebesen verschlagen, mit dem Käse, der Butter und den Bröseln verrühren. Salzen und pfeffern und in den Brei 1 Tasse kalte Brühe einrühren.

Restliche Brühe sprudelnd aufkochen und langsam den Eierbrei eingießen. Dabei ständig mit dem Schneebesen rühren. Nochmals aufkochen lassen und sofort in vorgewärmten Tellern servieren. Schnittlauch und Öl dazu reichen.

Weisskrautsuppe mit Paprikajoghurt

1 kleiner Kopf Weißkraut, 2 fest kochende Kartoffel, nach Belieben ca. 1/2 TL Kreuzkümmel, Sonnenblumen- oder Olivenöl, ca. 1 l Knoblauchbrühe, Salz, Pfeffer, ca. 50 g Butter, mildes oder scharfes Paprikapulver, 1 Glas Joghurt

Weißkraut in mundgerechte Streifen schneiden, Kartoffeln schälen und würfeln.

Kraut, Kartoffeln und – falls gewünscht – Kreuzkümmel in Öl anbraten und mit der Brühe aufgießen. So lange köcheln lassen, bis die Kartoffeln durch sind und das Kraut bissfest weich gekocht ist. Salzen und pfeffern. Eventuell mit Öl aromatisieren.

Butter in einer kleine Pfanne erhitzen (nicht braun werden lassen!) und ca. 1 TL Paprikapulver einrühren.

Suppe in vorgewärmte Teller verteilen. Auf jeden Teller 2 EL Joghurt klacksen und auf dem Joghurt 1 bis 2 TL Paprikabutter verteilen.

Spaghetti mit Knoblauchsosse

Weißweinessig, 1 alte Semmel, ca. 10 Knoblauchzehen, Olivenöl, Salz, Pfeffer, gehackte Petersilie, 500 g Spaghetti

3 bis 4 EL Essig mit Wasser vermischen und die Semmel einweichen. Geschälte Knoblauchzehen mit einem guten Schuss Olivenöl pürieren. Semmel ausdrücken und dazugeben. Das Ganze salzen und pfeffern und zu einer glatten Paste mixen. Fein gehackte Petersilie untermischen.

Nudeln al dente kochen. Die Knoblauchsoße eventuell mit 2 bis 3 EL Kochwasser (oder mit einem Rest Tomatensoße o.ä.) strecken und zu den Spaghetti reichen.

KNOBLAUCH:
ZEHENTHERAPIE FÜR GENIESSER

Übrigens, Knoblauch ist gut zum Senken des Blutdrucks und beugt Herzerkrankungen vor, kann aber andererseits auch ganz schön aufs Herz gehen, wenn man zu viel (rohen!) erwischt. Da muss jeder selber aufpassen und die richtige Dosis für sich herausfinden.

Bevor es also zu Herzrasen und Schweißausbrüchen kommt, lieber mit kleinen Mengen anfangen und den Knoblauchverzehr allmählich steigern.

Schließlich ist Knoblauch ein hoch wirksames Heilmittel mit so viel Kraft, dass wir hier gar nicht anfangen wollen, die ganze Latte seiner therapeutischen Wirkungen aufzuzählen.

Nur soviel: Warum er so gesund ist hat den gleichen Grund, weshalb er so eine Fahne hinterlässt. Der extrem hohe Schwefelgehalt des Knoblauchs zerfällt nämlich durch die Verdauungsvorgänge in den medizinisch wertvollen Stoff Allyl-Thiosulfinat und in das – nach landläufiger Meinung übelriechende – Diallyl-Disulfid. Hitze, also Braten und Kochen, schwächt die Geruchswirkung dieses Stoffes. Der Knoblauch riecht nicht mehr so intensiv, sondern „knofelt“ angenehm, er schmeckt milder, besitzt aber auch nicht mehr seine geballte Heilkraft.

Ein ewig im Gulasch mitgeschmorter Knoblauch wird zwar in der Therapie nicht mehr viel bringen, als Geschmackskomponente aber durchaus! Also am besten bei Gerichten mit langen Schmorzeiten die Hälfte des Knoblauchs von Anfang an mit schmoren und die andere Hälfte vor dem Servieren zerdrücken und nur noch kurz mitköcheln lassen.

Die starke Würze des Knoblauchs kommt erst durch das Zerhacken oder Zerquetschen der Zehen zur Geltung. Denn nur so können die kräftigen ätherischen Öle frei werden. Als Ganzes gebratene Knoblauchzehen dagegen schmecken fein nussig und sind eher mild im Geschmack.

KNOBLAUCH-TOMATEN-SUPPE MIT BROTKRÜMELN

Olivenöl, 1 Dose (ca. 400 g) gehackte Tomaten (oder im Sommer ca. 800 g frische Tomaten), Knoblauchbrühe, Salz und Pfeffer, 2 alte Semmeln oder Brotscheiben, 2 Zehen Knoblauch, Kräuter nach Belieben, wie Thymian, Basilikum, Salbei, Rosmarin..., gehackte Petersilie

Öl in der Pfanne erwärmen und die gehackten Tomaten oder die geschälten und gewürfelten Tomaten dazugeben. Köcheln lassen und mit der Knoblauchbrühe auf die gewünschte Konsistenz aufgießen. Salzen und pfeffern und nach Geschmack mit Olivenöl aromatisieren.

Die Semmeln (Brot) grob zerkrümeln oder würfeln. Knoblauch in feine Scheiben schneiden. In einer Pfanne Öl erhitzen und Knoblauch glasig anbraten. (nicht braun werden lassen!) Krumen dazu und unter Schaufeln knusprig rösten. Dann die Kräuter hinzufügen und eventuell nachsalzen.

Vor dem Servieren die Suppe mit fein gehackter Petersilie bestreuen. Die Krümel zur Suppe reichen.

Falls für die aufgeführten Suppen keine Knoblauchbrühe zur Verfügung steht, Wasser oder Gemüsebrühe verwenden und je nach Geschmack 2 bis 3 zerquetschte Knoblauchzehen mitköcheln.

Und jetzt kommen wir zur klassischen Vorspeise. Ein Rezept, das wahrscheinlich alle kennen, das aber der Vollständigkeit halber hier nicht fehlen darf:

KNOBLAUCHBROT

Nach Wunsch entweder Vollkornbrot, Weißbrot oder kräftiges Bauernbrot rösten (toasten) und mit roher, geschälter Knoblauchzehe abreiben. Salzen, pfeffern und mit Olivenöl beträufeln oder mit Butter bestreichen.

KNOBLAUCH IM MANTEL

pro Person 1/2 bis 1 Knoblauchknolle, Blätter zum Einwickeln (am besten Reste von Zuckerhut, Endivien, Mangold oder Wirsing), Olivenöl, frische oder getrocknete Kräuter wie Thymian, Rosmarin, Bohnenkraut, Salbei usw., Salz und Pfeffer

Ganze Knoblauchknollen säubern und auf einem Gemüseblatt auslegen. Mit ein paar Tropfen Olivenöl beträufeln, mit gehackten frischen oder getrockneten Kräutern bestreuen und das Ganze zu einem Päckchen zusammenfalten.

Ca. 40 Minuten im Backrohr backen, und zwar geschieht das entweder direkt auf dem Rost, oder man schmort die Päckchen in der Reine mit Olivenöl und ein wenig Flüssigkeit. Wenn sie auf dem Rost gebacken werden, verbrennen die äußeren Päckchenblätter und wandern nach dem Auswickeln in den Kompost. Wenn sie in Öl geschmort werden, können die Hüllblätter noch eine schöne Vorspeise abgeben und pur oder mit einer gewürzten Tomatensoße angerichtet werden.

Die Länge der Backzeit richtet sich natürlich nach der Hitze. Es ist sinnvoll, die Knoblauchpäckchen zu backen, wenn sowieso schon ein Auflauf, Braten oder Gemüsekuchen im Ofen steckt. Garzeit einfach durch Nachschauen kontrollieren. Auf alle Fälle sollten die Zehen so weich sein, dass man sie auslutschen oder aufs – am besten geröstete – Brot streichen kann.

Als Vorspeise oder Imbiss servieren. Salz, Pfeffer und ein paar Tropfen Öl dazu. Jeder quetscht sich das Püree selbst aus der Haut. Schmeckt warm ebenso wie kalt. Gut passt dazu Salat oder rohes Gemüse.

Ideal zum Knoblauchbacken (siehe Seite 92) sind übrigens Paprikaschoten. Deckel abschneiden und Kerne und Gerippe raus. Knoblauch mit ein paar Tropfen Olivenöl rein und die Schote mit Kräutern zustopfen. In Öl und gehackten Tomaten schmoren und diesen Sugo als Grundlage für ein Nudel- oder Reisgericht verwenden.

KNOBLAUCH UND BOHNEN

ca. 300 g weiße oder rote Bohnen, Olivenöl, Salbei, Rosmarin oder Bohnenkraut, Salz und Pfeffer, 3-4 Knoblauchzehen

Bohnen waschen und über Nacht einweichen. Im Einweichwasser bissfest weich kochen. (Kann bis zu 1 Stunde dauern.)

Abschütten und Kochwasser auffangen.

Olivenöl erwärmen. Bohnen und so viel Bohnenwasser dazugeben, dass die Bohnen gut köcheln können, das Gericht aber nicht versuppt. Salbei, Rosmarin oder Bohnenkraut am Schluss etwa 10 Minuten mitköcheln lassen.

Die Bohnen sind fertig, wenn sie weich sind, aber noch nicht zerfallen. Wichtig: Jetzt erst salzen, da die Haut sonst platzt. Pfeffern und mit reichlich frisch gequetschtem Knoblauch würzen. Mit Brot oder Kartoffeln servieren.

BOHNENPÜREE MIT KNOBLAUCH

Weiße Bohnen vorbereiten wie oben. Bohnen nach dem Kochen pürieren. Mit Salz, Pfeffer, Olivenöl, zerquetschtem Knoblauch und nach Belieben mit Rosmarin abschmecken.

Wer noch einen Fleischwolf hat, kann weich gekochte rote Bohnen salzen und pfeffern und wie ein Tartar auf die Teller drehen. Rohes Eigelb drauf und mit einer Mischung aus Olivenöl, zerquetschtem Knoblauch und Kräutern beträufeln. Mit Zwiebeln und Salaten anrichten.

GEFÜLLTE MUSCHELNUDELN

2 EL ganz klein gewürfeltes Weißbrot, 1 Knoblauchzehe, 12 große, bissfest fertig gekochte Muschelnudeln, gut mit Knoblauch und Öl gewürztes weißes Bohnenpüree (siehe oben), Olivenöl, 1 Stangensellerie, 1 Glas Weißwein, 1 EL Semmelbrösel, 1 EL Parmesan

Das gewürfelte Weißbrot in Olivenöl zusammen mit der zerquetschten Knoblauchzehe knusprig braten. Die Nudeln mit dem Bohnenpüree füllen und in die Mitte 2 bis 3 Brotstückchen eindrücken.

In einer Reine Olivenöl erhitzen und den in kleine Stücke geschnittenen Stangensellerie andünsten. Mit einem Glas Weißwein ablöschen. Nudeln in die Reine geben.

Semmelbrösel und geriebenen Käse mischen und über die Nudeln streuen. Alles im Rohr nur so lange backen, bis die Semmelbrösel-Käse-Mischung leicht überbräunt ist. Zum kalten Bufett oder als Vorspeise reichen. Pro Person mit 2 bis 3 gefüllten Nudeln rechnen.

Wir haben also gesehen: ohne Knoblauch geht gar nichts. Zumindest fast nix. Beziehungsweise es geht schon, aber nicht so gut. Kaum ein Rezept, in dem nicht zumindest eine Knoblauchzehe vorkommt, um zu würzen, abzurunden, zu aromatisieren, zu duften und Sinne und Küche zu vernebeln.

Zwiebelsalat

2 große Zwiebeln, 2 Gelbe Rüben, ein paar Blätter Rucola oder Petersilie, Weißweinessig und/oder Zitronensaft, Salz, schwarzer Pfeffer aus der Mühle, Sonnenblumen- oder Olivenöl, eventuell Balsamico-Essig, Salatblätter

Zwiebeln schälen und in ganz feine Ringe, die Gelben Rüben in feine Streifen hobeln.

Rucolablätter klein schneiden (oder Petersilie fein hacken) und unter den Salat mischen. Mit Essig (und/oder Zitronensaft), Salz, Pfeffer und Öl anmachen und nach Belieben mit Balsamico abschmecken.

Salatblätter (Kopfsalat, Endivien, Eichblatt etc.) auf einem Teller auslegen und den Zwiebelsalat darauf anrichten.

Mit Brot servieren. Gut dazu passen Thunfisch oder Ölsardinen.

Statt Gelber Rüben kann man auch gekochte weiße Bohnen verwenden. Die Bohnen mit zerquetschtem Knoblauch abschmecken.

Gebratene Zwiebeln

Zwiebeln, Olivenöl, Salz, Weißweinessig, Petersilie

Zwiebeln in Spalten schneiden, in Olivenöl anbraten, salzen, mit ein paar Spritzern Essig ablöschen und kurz weiterbraten, bis sie bissfest weich sind. Mit fein gehackter Petersilie bestreuen.

Als Vorspeise mit Brot servieren. Passt als Beilage fast überall und besonders gut mit ein paar Löffeln gut gewürzter Tomatensoße zur Polenta.

Rotweinzwiebeln

ca. 600 g kleine oder geviertelte Zwiebeln, Öl, Butter, 1 EL Rohrucker (Mascobado), Salz, 1 Glas Rotwein, schwarzer Pfeffer aus der Mühle

Zwiebeln schälen und in einer Butter-Öl-Mischung braten, bis sie angebräunt sind. Mit Zucker bestreuen und die Zwiebeln unter Rühren karamellisieren. Salzen.

Den Rotwein dazugießen und alles so lange schmoren lassen, bis der Wein eingedampft ist. Mit Pfeffer übermahlen.

Warm oder kalt servieren. Passt auf den Vorspeisenteller oder als Beilage zu Getreidegerichten, Fleisch, Wurst und Käse.

Man kann auch statt Rotwein den Saft einer halben Zitrone über die Zwiebeln gießen und einschmoren lassen.

ZWIEBEL, BOLLE, ZIPOLLE

Endlos sind ihre Namen. Endlos ist ihre Geschichte. Sie dürfte zu den ältesten Weggefährten des Menschen gehören. Seit mindestens 5000 Jahren wird die Zwiebel von den Menschen mit wachsendem Appetit verputzt.

Die einzigartige Wirkstoffkombination dieser „Bulbe", bestehend aus schwefelhaltigen ätherischen Ölen, Vitaminen und Schwefel, Fluor, Kalzium und anderen Mineralstoffen, war und ist unentbehrlich im Abwehrkampf gegen Viren, Keime und Parasiten. Wahrscheinlich wäre der Mensch schon als Höhlenbewohner an Asthma und anderen Krankheiten zugrunde gegangen, hätte er nicht mit dem Zwiebelgenuss ein wirkungsvolles Mittel gegen allergische Reaktionen auf Hausstaubmilben gefunden. Daneben helfen Zwiebeln bei Grippe und gegen Arterienverkalkung, senken den Blutzucker, fördern die Verdauung, heilen – aufgeschnitten und auf die Wunde gelegt – Insektenstiche und Schlangenbisse. Achtsame Menschen haben deshalb immer einen Dr. Bolle in der Tasche.

Gute Gründe also für reichlichen Konsum. Am besten natürlich roh und schon reichlich zum Frühstück. Mutige Hausfrauen und -männer servieren sie der Familie schon mal anstelle von Nutella. Zusammen mit Petersilie klein gehackt zum Frischkäse aufs Vollkornbrot, wird die Zwiebel diesem längst überholten Zuckerpapp schnell den Rang ablaufen (Rezept wie bei Gremolada, Seite 89).

Bei uns ist das Zwiebelsortiment recht begrenzt. Neben der normalen gelben Haushaltszwiebel gibt es manchmal noch rote Zwiebeln, selten Schalotten und in den Sommermonaten dicke Gemüsezwiebeln. Auf Parties begegnet man manchmal noch der Silberzwiebel. Aber die kommt meist aus Spanien und gibt's daher nur im Glas. Und das war auch schon das ganze Zwiebelangebot. Es ist das alte Dilemma mit den Sorten: Ertragsschwache Sorten haben einen höheren Preis, werden nicht gekauft und schließlich nicht mehr angebaut. Dann gibt es bald kein Saatgut mehr, und wieder ist eine Individualität, ein einzigartiger Geschmack verschwunden.

Mehr Zwiebelsorten haben die südlichen Länder zu bieten. Zum einen schätzen die Menschen dort eine vielfältige Gemüseküche. In Kalabrien oder Apulien zum Beispiel kommen traditionell eine Vielzahl unterschiedlichster kleiner Gemüsegerichte als Vorspeise auf den Tisch. Auch der dann folgende „Primo Piatto" besteht nicht allein aus Nudeln mit Tomatensoße, sondern da gibt es die Pasta oft mit Gemüse wie Auberginen, Bohnen, Rapssprossen – und natürlich Zwiebeln. Zum andern hängt die Zwiebelvielfalt natürlich auch mit den Wachstumsbedingungen zusammen. Im Süden reifen die Zwiebeln eben schneller und beginnen nicht schon zu blühen, bevor sie reif zum Ernten sind. Und so gibt es dort neben den gelben und roten Zwiebeln weiße und silbrige, kleine, große, runde, ovale, birnenförmige, und manchmal sogar noch wild wachsende Hyazinthen- und Krokuszwiebeln auf dem Markt.

Eine Spezialität ist die sehr milde, süßliche Zwiebel aus Tropea in Kalabrien, oder die „Lampasciuoli", die wie im Rezept auf Seite 97 gerne in Olivenöl schwimmend ausgebacken wird. Verwenden kann man unsere gute gelbe Haushaltszwiebel aber eigentlich für alle Gerichte; wer aber die Gelegenheit hat, einmal eine andere Sorte zu probieren, sollte die Gelegenheit nicht ungenutzt verstreichen lassen.

Ofenzwiebeln

große Zwiebeln, Olivenöl, Kräuter wie Salbei oder Lorbeerblätter oder Rosmarin oder Thymian, Salz und Pfeffer, Zitronensaft nach Belieben

Zwiebeln oben kreuzweise einschneiden. Mit Öl beträufeln und ca. 1/2 Stunde backen. Kräuter in die Schlitze schieben oder stecken. Weiterbacken, bis die Zwiebeln richtig weich sind. In die Bratreine zwischendurch ein wenig Wasser gießen, damit nichts anbrennt.

Zwiebeln schälen, auf dem Teller zerteilen, salzen und pfeffern, mit Öl und nach Belieben mit Zitronensaft beträufeln.

Als Beilage, Vorspeise oder als Imbiss mit Brot geeignet.

Diese Art der Gemüsezubereitung dürfte zu den ältesten Kochtechniken gehören. Zwiebeln, Rüben, Knollen, aber auch Brot und Fleisch wird in heiße Asche vergraben. In der fallenden Hitze der abkühlenden Asche können die Speisen oft stundenlang unbeaufsichtigt garen, ohne zu verbrennen.
So dürften auch die ersten vegetarischen Brotaufstriche entstanden sein. Stundenlang in Asche gegarte Zwiebeln werden butterweich und können nach dem Entfernen der angesengten und mit Asche verunreinigten Schalen und Häute ausgelöffelt und aufs Brot gestrichen werden.
Wer Zeit hat, kann klein gehackte Zwiebeln so lange in Öl oder Butter leise brutzeln lassen, bis sie zu einem cremigen Mus zerfallen. Das dauert ungefähr 1 1/2 Stunden. Diese Creme kann als Nudelsoße (gesalzen, gepfeffert und gewürzt mit Kräutern wie Oregano, Basilikum o.ä.) gereicht oder aufs Brot gestrichen werden. Allerdings ist das ewig lange Verkochen so eine Geschichte, da dabei Inhaltsstoffe verloren gehen. Was dem Geschmack allerdings keinen Abbruch tut.

FRITTIERTE ZWIEBELN

500 g Zwiebeln, 150 g Weizenmehl Type 1050, 1 Glas Weißwein, 1 Ei (oder 2 Eigelb), 2 EL geriebener Parmesan (oder ähnlicher Käse), 1 EL Olivenöl, ganz fein gehackte Petersilie, Salz, Pfeffer, Öl (am besten Erdnussöl) oder Palmfett zum Frittieren

Am besten kleine Zwiebeln verwenden oder größere vierteln oder achteln. Darauf achten, dass die Zwiebeln gut trocken sind (eventuell auf einem Rost über die Heizung oder in die Sonne stellen).

Mehl, Wein, Ei, Käse, Öl, Petersilie, Salz und Pfeffer zu einem breiigen Teig verrühren. Aufpassen mit dem Wein, damit der Teig nicht zu flüssig wird. Teig 1/4 Stunde stehen lassen.

Öl oder Palmfett zum Ausbacken erhitzen. (Temperaturkontrolle: Kochlöffel ins Öl halten. Sobald sich Bläschen bilden, stimmt's.) Zwiebelstücke in den Teig tauchen und portionsweise im Frittierkorb oder einzeln auf die Gabel gespickt goldbraun ausbacken.

Die frittierten Zwiebeln schmecken heiß und kalt als Vorspeise, Imbiss oder Beilage.

Zum Frittieren eignen sich am besten Erdnussöl oder Palmfett, da sie höher erhitzt werden können als Olivenöl oder andere Öle. Die Verwendung von Olivenöl ist möglich, aber oft aus Kostengründen nicht ratsam. Frittieren erfordert sehr viel Öl, das anschließend nur noch eingeschränkt brauchbar ist, wenn Teige oder tierische Lebensmittel ausgebacken werden.
Anders verhält es sich, wenn Gemüse pur frittiert wird. Das aromatisierte Öl kann ruhig nochmals zum Frittieren oder Kochen verwendet werden. Allerdings muss man darauf achten, dass das Öl nicht zu sehr erhitzt wird und zu qualmen anfängt, da dann das giftige Arcolein entsteht. Nicht vergessen: Öl nach dem Frittieren durch ein feines Sieb gießen!

Zwiebel-Omelette mit Rosmarin

3–4 große Zwiebeln, Olivenöl (oder Butter-Öl-Mischung), nach Belieben ca. 50 g Speck, 6 Eier, 4 EL Sauerrahm, Salz, schwarzer Pfeffer aus der Mühle, 1 TL getrockneter oder 2–3 Zweige frischer Rosmarin

In einer feuerfesten Pfanne oder Reine die in Ringe geschnitten Zwiebeln (und den klein geschnittenen Speck, falls welcher verwendet wird) in Öl braten, bis die Ringe schön angebräunt sind.

Die Eier und den Rahm mit dem Schneebesen kräftig verschlagen, damit viel Luft eingearbeitet und die „Fritatta" schön locker wird. Man kann auch mit dem Milchschäumer aufschäumen.

Salzen, schwarzen Pfeffer darüber mahlen und die Eier-Rahm-Mischung in die sehr heiße Pfanne über die Zwiebeln schütten. Alles schnell verrühren und den Rosmarin einstreuen. Am besten im vorgeheizten Backrohr etwa 10 bis 15 Minuten backen. Das Omelette soll in der Mitte noch cremig sein.

Mit Salat servieren. Als Beilage passen Röst-, Brat- oder Salzkartoffeln.

Und jetzt der absolute Klassiker! Altbayrisches Vegetariat vom Feinsten:

ESSIGKNÖDEL MIT ZWIEBELN

Restliche Semmel- oder Teigknödel vom Vortag, pro Knödel etwa 1/2 mittelgroße Zwiebel, Apfelessig, Sonnenblumenöl, Schnittlauch, Salz und (am besten weißer) Pfeffer

Zwiebeln in feine Ringe schneiden. Gut salzen und pfeffern. Salatsoße im Verhältnis von ca. 2 Teilen Essig und 1 Teil Wasser anrühren und mit Salz, Pfeffer und Öl abschmecken. So viel Soße zu den Zwiebeln geben, dass die Zwiebeln gut bedeckt sind. Zwiebeln in der Soße ca. 10 bis 15 Minuten beizen lassen.

Knödel in Scheiben schneiden und in einer tiefen Platte oder auf einem Teller so verteilen, dass nicht zu viel übereinander liegt. Gebeizte Zwiebeln mit der Soße darüber verteilen. Das Ganze mit klein geschnittenem Schnittlauch bestreuen.

Dieses bayrische Original kann man natürlich mit der Zugabe von klein geschnittenem Chicorée, Radicchio usw., oder später im Jahr mit Radieschen, Gurken oder Tomaten endlos variieren, um nicht zu sagen: verfälschen. Sehr gut schmeckt eine Variante mit 2 oder 3 klein gehackten und in der Zwiebelmarinade gebeizten getrockneten Tomaten und zerbröckeltem Schafskäse. Bei der Zubereitung aber besser nicht vom Heimatpfleger erwischen lassen!

ZWIEBELN MIT OREGANO

ca. 800 g Zwiebeln, Salz, Pfeffer, Oregano, Oliven- oder Sonnenblumenöl, gehackte Petersilie

Die Zwiebeln schälen und etwa 20 Minuten als Ganzes kochen. Noch heiß halbieren und auseinander zupfen. Mit Salz, Pfeffer und reichlich Oregano würzen und mit einem Schuss Öl mischen. Gehackte Petersilie darüber streuen.

Kann als Beilage zu allem Möglichen oder als Füllung für einen Zwiebel-Brot-Auflauf verwendet werden.

ZWIEBEL-BROT-AUFLAUF

800 g Zwiebelgemüse wie oben, 8 alte Semmeln, Butter, 200 g geriebener Emmentaler oder Bergkäse, 2 Eier, 1 Becher Sauerrahm, Salz, Pfeffer

Gut mit Oregano gewürztes Zwiebelgemüse (siehe oben) anmachen. Semmeln feinblättrig aufschneiden (oder fertiges Knödelbrot verwenden).

Reine ausbuttern und eine Lage geschnittene Semmeln und darauf eine dicke Lage Zwiebeln einschichten. Mit der Hälfte des Käses bestreuen. Das Ganze wiederholen.

Für die oberste Schicht den restlichen Käse mit den verschlagenen Eiern, dem Sauerrahm, Salz und Pfeffer vermischen und darüber gießen. Im Rohr alles so lange backen, bis die Sauerrahm-Käse-Schicht schön goldbraun ist.

Mit Salat oder Gemüse, wie z.B. gedünstetem Mangold, servieren. Oder anstelle des Knödels zum Braten reichen.

WINTE

Bevor wir uns von den Rüben, den Krautköpfen, den Knollen und Lagerzwiebeln verabschieden, kochen wir mit ihnen noch ein Festessen nach einem klassischen Rezept aus dem Piemont. Aber zuvor gibt's noch eine duftende, lockere Vorspeise, einen

Eierkuchen mit Linsen

200 g grüne Linsen, Olivenöl oder Butter, 2-3 Knoblauchzehen, getrockneter oder frischer Rosmarin (Alternative: frisches Bohnenkraut), Salz, frisch gemahlener Pfeffer, Balsamico-Essig, 5 Eier, 3-4 EL Sauerrahm

Die Linsen mindestens 1 Stunde einweichen und anschließend weich kochen. Linsen mit Öl, zerquetschtem Knoblauch und reichlich klein gehacktem Rosmarin, Salz und Pfeffer würzen.

Mit Balsamico abschmecken. Linsen in einen feuerfesten Topf oder eine hochwandige Pfanne geben. Topf vorher innen gut mit Öl oder Butter ausreiben.

Die Eier und den Sauerrahm mit dem Schneebesen oder Milchschäumer ganz luftig verschlagen und zu den Linsen gießen. Alles gut verrühren und am besten im Backrohr so lange backen, bis die Eiermasse gestockt ist. Abkühlen lassen und in Kuchenstücke schneiden.

Am besten mit einem kleinen gemischten Salat aus Winterpostelein, Feldsalat und in Streifen geschnittenen Gelben Rüben servieren. Kann aber auch warm als Hauptgericht gegessen werden.

Bagna cauda

1/4 l Olivenöl, 10-15 geschälte Knoblauchzehen, 10-15 Stück in Salz eingelegte Sardellen-Filets, verschiedene Gemüse wie Wirsing, Blumenkohl, Rote Rüben, fest kochende Kartoffeln, Zwiebeln, Pastinaken, Wurzelpetersilie, Gelbe Rüben, Lauch, Fenchel usw.

Das Olivenöl zusammen mit den Knoblauchzehen erhitzen und ca. 1 Stunde ganz schwach köcheln lassen (simmern). Dann die Sardellenfliets (grobes Salz kurz abbrausen) klein schneiden und zu dem Öl geben. Die Soße pürieren. Nicht salzen!

Inzwischen das Gemüse putzen und in mundgerechte Stücke brechen oder schneiden.

Nach Belieben das Gemüse entweder roh servieren oder der jeweiligen Garzeit entsprechend der Reihe nach in einem Topf mit wenig Wasser bissfest dünsten. Rote Rüben am besten separat dünsten, damit das andere Gemüse nicht rot einfärbt.

Das Gemüse auf einer Platte anrichten. Die Soße auf einem Stövchen heiß halten.

Jeder dippt das Gemüse seiner Wahl in die Soße. Falls jemand noch Salz oder Pfeffer wünscht, kann er das Gemüse würzen (nicht die Soße).

Mit gutem saugfähigen Weißbrot servieren.

Dazu passt ein Rotwein „mit rustikalem Touch und dichtem Körper, mit Fülle und Länge im Nachhall", oder so ähnlich.

R ADE

ein abschiedsmenü

Zum Nachtisch empfiehlt sich zum Winterausklang ein

Gebackener Obstsalat

3 getrocknete Feigen, 4 Backpflaumen ohne Stein, 2 EL Rosinen, 2 Orangen, 4 dl Rotwein, 2 Birnen (wenn's welche gibt), 1-2 Äpfel, 1 Zitrone, 3 EL Rohrzucker, 2 EL Mandelsplitter, 3 EL Zucker für den Karamell

Feigen, Pflaumen und Rosinen einige Stunden einweichen. Orangenschale fein schneiden und in den Wein geben. Birnen und Äpfel schälen, in Achtel schneiden und die Hälfte davon in eine feuerfeste Form legen.

Feigen und Pflaumen in kleine Stücke schneiden und zwischen die Äpfel und Birnen legen. Die geschälten Orangen und Zitronen in Scheiben schneiden und ebenfalls in der Form verteilen. Mit der Hälfte der Rosinen bestreuen. Mit den restlichen Apfel- und Birnenstückchen belegen und die restlichen Rosinen darüber geben.

Zucker über das Ganze rieseln lassen und den Wein darüber gießen. Jetzt die Mandelsplitter darauf verstreuen. Das Ganze 1/2 Stunde bei 220 °C im Ofen backen und während der Backzeit öfter mit dem Weinsud begießen.

2 EL Weinsud abschöpfen und in einer kleinen Pfanne den Zucker in diesem Sud unter Rühren hellbraun werden lassen. Diesen braunen Karamell über die Früchte verteilen und bis zum Servieren kühl stellen.

Und jetzt kann er kommen – der Frühling

Mit der Kräutersuppe bis in die Biergärten

In den Schnittlauchtöpfen sprießt's, und die Petersilie ist auch schon da. Nach und nach tauchen sie alle wieder auf, die Kräuter. Die traditionelle grüne Fastensuppe ist der Auftakt einer jährlich wiederkehrenden Revolution unserer Ernährung.

Eine interessante Zeit liegt vor uns. In den Nasen explodieren die Gerüche und auf den Gaumen die Geschmäcker. Immer Neues wächst in den Gärten und immer vielfältiger, farbiger, intensiver und würziger werden unsere täglichen Mahlzeiten.

Aber es ist eine gezähmte Revolution. Leider erleben wir nur noch einen blaßen Abklatsch von dem, was die Natur den Menschen an den Ackerrändern und auf den Wiesen zu bieten hätte. Zwar finden sich nach wie vor Wildkräuter und Salate wie Löwenzahn, Sauerampfer, Melde, Giersch, Gänseblümchen und Brennnessel, wilde Zichorie, essbare Blumen und Blüten, doch die Intensivlandwirtschaft hat mit vielen wild wachsenden Kräutern kurzen Prozess gemacht. Nahezu unbemerkt könnte sich ein Kapitel in der Ernährungsgeschichte für immer schließen und eine für frühere Generationen selbstverständliche, frei nutzbare und gesunde Nahrungsgrundlage verloren gehen. Die wenigen Küchenkräuter, die man noch findet, sollte man besser in Frieden lassen und wenn, dann auch nur mit Vorsicht genießen. Denn Dünge- und Pflanzenschutzmittel auf den Feldern und Abgase an den Straßenrändern machen den Verzehr zum gesundheitlichen Risiko.

Doch Gott sei Dank werden die Biobauern immer mehr. Mit ihnen wächst die Hoffnung auf eine artenreiche Kräutersuppe. Aus vielen Maisäckern werden wieder Wiesen, und Intensivgrünland verwandelt sich zurück in Magerrasen und Feuchtwiesen voller Blumen und Kräuter. Es ist aber auch allerhöchste Zeit! Zusammen mit unserem weißblauen Himmel bilden die blühenden Wiesen schließlich den idyllischen Rahmen für die vielen Biergärten, die wir jetzt wieder regelmäßig ansteuern.

GRÜNE POWER AUS DEM KRÄUTERGARTEN

Wie gesagt, der Frühling kommt in der Suppe. Und zwar in einer grünen. Oder auf einem Butterbrot mit Schnittlauch. Nur so erwachen die typischen Frühlingsgefühle, die bei den einen den Paarungsinstinkt und bei den anderen den weniger verständlichen Eifer zum gründlichen Putzen der Fenster und Wohnungen wecken.

Es sind die ätherischen Öle der Kräuter, ihr Reichtum an Vitaminen und Mineralien, die Senföle, Saponine und Flavonoide, die diesen Energieschub freisetzen oder zumindest einen guten Teil dazu beitragen. Viele Kräuter verfügen über einen außerordentlich hohen Vitamingehalt, so als müssten sie nach dem vitamin- und lichtarmen Winter dem Organismus wieder auf die Beine helfen. Schon ein gutes Bündel Petersilie kann den Tagesbedarf eines Erwachsenen an Vitamin C decken und versorgt uns mit so hohen Dosen an B-Vitaminen und Mineralien wie kein anderes Gemüse. Absolut Spitze wenn es darum geht, uns mit Kalium, Phospor, Kalzium und Schwefel einzudecken ist

übrigens der Dill mit einem Mineralstoffgehalt von 7%. Frühlingskräuter erreichen somit fast das Niveau von „Functional Food", um einen dieser tollen neumodischen Begriffe zu verwenden.

Darunter versteht man übrigens moderne Lebensmittel, die (auch durch gentechnische Veränderungen) mit Wirkstoffen wie Vitaminen, bekömmlichen Fettsäuren usw. angereichert sind. Ganz gezielt kann man so durch den Genuss von Joghurts, Keksen und Schokoriegeln Kranke heilen oder verschnarchten Typen auf die Sprünge helfen – zumindest in der Theorie.

Das Ganze klingt zunächst auch plausibel, wenn man bedenkt, was in einer im Jahr 2001 veröffentlichten britischen Studie festgestellt wurde. In dieser über mehrere Jahre geführten Untersuchung an fast 20 000 Personen wurde beobachtet, dass Menschen mit einem hohen Vitamin-C-Spiegel eindeutig länger leben. Klar, dass mit Vitaminen angereicherte Nahrung aus dem Labor wärmstens empfohlen wurde.

Allerdings erwiesen sich (so die gleiche Untersuchung) die Versuche, das Leben durch Einnahme von Vitamin-C-Pillen zu verlängern, als wirkungslos. Der Grund ist unklar, und kein Mensch weiß, ob nun eigentlich das Vitamin C selbst lebensverlängernde Wirkung besitzt oder Stoffe, die mit ihm in Verbindung stehen bzw. in Kombination auftreten. Vielleicht hat das Vitamin C auch nur Stellvertreterfunktion? Die Wissenschaftler kamen zu einem verblüffend unerwarteten Fazit ihrer Studie: die Menschen sollten doch lieber Obst und Gemüse essen!

Wahrscheinlich braucht unser Körper überhaupt nichts von dem, was uns die „Functional-Food-Köche" ins Essen mischen möchten. Oder er braucht es in einer anderen (natürlichen) Form und in einer ganz ursprünglichen Kombination mit anderen Stoffen. Schließlich ist das Zusammenwirken von Nährstoffen und Stoffwechselvorgängen ein im Lauf der Evolution höchst effizient eingespieltes System, das sich selbst von gentechnisch manipulierten und aufgewerteten Kartoffelchips nicht beeindrucken lässt.

Wer also im Frühjahr einen attraktiven Partner zum Putzen oder für was sonst auch immer sucht, sollte sich vielleicht doch besser ein Brot mit frischem Schnittlauch schmieren.

Kerbelsuppe

80 g Getreideschrot (Dinkel, Weizen o.ä.), Sonnenblumenöl, 100 g klein gehacktes Gemüse (siehe Seite 54), 1 l Wasser, Salz und Pfeffer, 100 g Kerbel (entspricht etwa 2 Bund),

Getreideschrot in Öl anrösten, das gehackte Gemüse dazugeben und mit Wasser aufgießen. Salzen und pfeffern.

Kerbel klein hacken und am Schluss in die heiße Suppe rühren. Bei Tisch nach Belieben mit Sonnenblumenöl (oder einem anderen Öl nach eigenem Gusto) aromatisieren.

Kräutersuppe

Zutaten und Zubereitung wie oben. Nur anstelle des Kerbels 100 g einer Mischung von klein gehackten Kräutern und/oder Frühlingsgemüse wie Bundzwiebeln, Kerbel, frischem Knoblauch, Petersilie, Schnittlauch, Spinat, Bärlauch, Stielmus, Rucola, Sauerampfer oder Wildkräutern verwenden. Nicht so gut zum Kerbel passen die eher mediterranen Kräuter wie Basilikum, Thymian, Rosmarin usw.

Manche Küchenkräuter und Frühlingsgemüse sind tüchtige Nitratsammler. Bei Petersilie und Spinat empfiehlt es sich daher, die Stiele nicht zu verwerten, da sich in deren Leitungsbahnen das meiste Nitrat ansammelt. Das Ganze ist zwar bei Kräutern und Gemüse aus biologischem Anbau nicht so schlimm wie bei Pflanzen, die auf mit Kunstdünger bewirtschafteten Böden wachsen, kann aber eine Rolle spielen, wenn an trüben Tagen geerntet wurde. Denn nur unter Sonneneinstrahlung wandelt sich das Nitrat in pflanzeneigenes Eiweiß um. Also besser stiellos speisen.
Unproblematisch sind übrigens die Zwiebelgewächse wie Schnittlauch, Knoblauch oder Bundzwiebeln.

Bärlauchsuppe

1 kleine Zwiebel, 1 Lorbeerblatt, Butter, 1/4 l trockener Weißwein, 1/2 l Wasser, 1/4 l Sahne, Salz, Pfeffer, 100 g Bärlauchblätter, Semmelwürfel

Die Zwiebel klein hacken und zusammen mit dem Lorbeer in Butter anschwitzen. Mit Wein ablöschen und ein wenig einköcheln lassen.

Wasser und Rahm dazugeben und einige Minuten ziehen lassen (nicht mehr kochen!). Salzen und pfeffern.

Klein geschnittenen Bärlauch einstreuen. Mit in Butter gerösteten Semmelwürfeln servieren.

Man kann den Bärlauch gegebenenfalls durch Sauerampfer, Spinat, Stielmus, Dill oder Wildkräuter wie Brennnessel oder Giersch ersetzen. Auch ist es natürlich möglich, den Wein wegzulassen und dafür Wasser oder eine Suppenwürfelbrühe zu nehmen. Allerdings neigen viele Menschen dazu, überall Brühwürfel, die es zweifelsfrei in guter Qualität im Naturkostladen zu kaufen gibt, zu verwenden. Hier sollte man eher zurückhaltend sein, da sonst alle Suppen oder Soßen irgendwie gleich schmecken und wir uns durch das ständige kräftige Würzen den Geschmack verderben. Lieber mehr Kräuter und ein paar Tropfen von einem aromatischen Öl verwenden.

Türkische Pfefferminzsuppe

1 Zwiebel, 70 g Reis, Olivenöl, 1 l Wasser, 150 g Joghurt, 1 TL fein gemahlenes Vollkornmehl, 2 Eidotter, Salz und Pfeffer, ca. 25 g Butter, 1 EL fein gehackte frische Pfefferminze

Zwiebel klein hacken und zusammen mit dem Reis in Öl andünsten. Mit Wasser aufgießen und köcheln lassen, bis der Reis gar ist.

Joghurt, Mehl und die Eigelbe mit ein paar Löffeln Kochwasser verschlagen und dann unter die Reissuppe rühren. Nicht mehr kochen lassen. Mit Salz und Pfeffer abschmecken.

Butter erhitzen, aufschäumen lassen und Pfefferminze einrühren. Butter salzen.

Suppe in die Teller verteilen. Jeder gießt sich selbst nach Belieben einen Schuss Minzbutter darüber.

Die Minze darf man ruhig öfter verwenden. Tomatensoße für Spaghetti zum Beispiel schmeckt wunderbar erfrischend, wenn sie mit Minze gewürzt wird.

Sauerampfersuppe

300 g Sauerampfer, ca. 25 g Butter, 1/8 l Weißwein, 2-3 gekochte Kartoffeln, 3/4 l Gemüsebrühe (siehe Seite 55), 1/8 l saure Sahne, Salz, Pfeffer

Ein paar Blätter Sauerampfer zur Seite legen. Sauerampfer in Butter leicht dünsten und mit Wein aufgießen.

Die gekochten Kartoffeln klein schneiden und dazugeben; alles mit dem Stab pürieren. Nach und nach die Brühe dazugießen.

Suppe wieder erhitzen. Sahne einrühren und mit Salz und Pfeffer abschmecken. Restliche Sauerampferblätter in feine Streifen schneiden und zur Suppe geben.

Frühlingssalat

Salat- und Kräuterblätter nach Saison (z.B. Spinatblätter, Feldsalat, Löwenzahn, Rucola, Stielmus, Frühlingszwiebeln, Bärlauch, Winterpostelein, Kopfsalat oder Wildkräuter wie Brennnessel, Giersch usw.), Radieschen, Apfelessig und/oder Zitronensaft, Sonnenblumen-, Raps- oder Hanföl, Salz und Pfeffer

Salat und Kräuter waschen und mit den in Scheiben geschnittenen Radieschen mischen. Mit Essig, Öl, Salz und Pfeffer anmachen.

Steirischer Röhrlsalat

800 g fest kochende Kartoffeln, ca. 250 g Löwenzahnblätter, Salz und Pfeffer, 1/8 l Gemüsebrühe, Apfel- oder Weißweinessig, Kürbiskernöl

Kartoffeln kochen, schälen und feinblättrig aufschneiden.

Löwenzahnblätter klein zupfen und zusammen mit den heißen Kartoffeln in eine Schüssel geben. Salzen und pfeffern.

Heiße Gemüsebrühe mit Essig abschmecken und über die Kartoffelsalatmischung schütten.

Ca. 15 Minuten ziehen lassen und mit Kürbiskernöl verfeinern. Traditionell mit hart gekochten Eiern servieren.

Spaghetti mit Rucola

400 g Spaghetti, 4 Tomaten oder 200 g gehackte Tomaten aus dem Glas oder der Dose, 100 g Rucola, Olivenöl, Salz, Pfeffer, 2–3 Knoblauchzehen, 2–3 EL g gehackte Mandeln

Spaghetti al dente kochen. Inzwischen die Tomaten überbrühen, schälen und klein hacken. Oder Glas bzw. Dose öffnen und Tomaten abtropfen lassen.

Rucola klein schneiden und zusammen mit 3 EL Öl unter die Tomaten mischen. Mit Salz und Pfeffer abschmecken.

Knoblauchzehen kleinblättrig aufschneiden, in Öl leicht anbräunen, Mandeln dazugeben, kurz rösten und die abgetropften Nudeln untermischen.

Bei Tisch die kalte Tomaten-Rucola-Mischung unter die Spaghetti heben.

Rucola-Kartoffel-Pflanzerl

600 g am besten mehlig kochende Kartoffeln, ca. 30 g Kürbiskerne, 1 Bund Rucola (etwa 60–70 g), ca. 20 g Butter, ca. 40 g Quark, 1 Ei, Salz und Pfeffer, Semmelbrösel, Öl

Kartoffeln kochen. Inzwischen die Kürbiskerne trocken in der Pfanne rösten und klein hacken.

Rucola fein schneiden. Die fertigen Kartoffeln schälen und zerstampfen, Butter erwärmen und zusammen mit dem Quark, den Kürbiskernen, dem Ei und dem Rucola in den Kartoffelbrei einarbeiten. Salzen und pfeffern. Nur so viel Semmelbrösel dazugeben wie nötig, damit ein formbarer Teig entsteht.

Pflanzerl (Buletten) formen und in Öl bei sanfter Hitze ausbacken. Mit Salat servieren. Dazu passt eine

Joghurt-Kräutersosse

60 g gemischte Kräuter wie Petersilie, Schnittlauch, Bärlauch, Brennnessel, Sauerampfer usw., ca. 100 g Joghurt, ca. 100 g Sauerrahm, 1–2 TL mittelscharfer Senf, 1 TL Zitronensaft, Salz, 1–2 Knoblauchzehen, Salz und Pfeffer

Kräuter klein hacken. Alle Zutaten miteinander verrühren und abschmecken.

Kräuternudeln

100 g fest kochende Kartoffeln, 300 g Rigatoni, Penne oder Hörnchen, 2–3 Knoblauchzehen, Olivenöl, ca. 150 g klein gehackte Kräuter nach Jahreszeit (Petersilie, Schnittlauch, Kerbel, Brennnessel, Minze, Melisse usw.), Salz und Pfeffer, Parmesan oder Pecorino

Kartoffeln klein würfeln und gar dünsten. Nudeln al dente kochen.

Knoblauch und Kräuter fein hacken und in reichlich Öl höchstens 2 Minuten unter Rühren bei niedriger Hitze schmoren.

Nudeln, Kartoffeln und Kräuter vermischen. Salzen und pfeffern. Mit geriebenem Käse servieren.

Kräuterpuffer

ca. 800 g Kartoffeln, 2 Eier, Salz und Pfeffer, ca. 200 g klein gehackte Kräuter, 100 g Schafskäse (Feta)

Kartoffelpuffer herstellen (wie auf Seite 33 beschrieben). In die Kartoffel-Eier-Mischung vor dem Ausbacken die gehackten Kräuter und den klein gebröckelten Käse mischen. Mit einem gemischten Salat nach Jahreszeit reichen.

Kräuterpfannkuchen

ca. 200 g fein gemahlenes Dinkel- oder Weizenmehl, 4 Eier, Salz, 1/4 l Milch, ca. 200 g gemischte Kräuter, 1 Glas Sauerrahm, 2 Knoblauchzehen, Pfeffer

Aus Mehl, Eiern, Salz und Milch einen Pfannkuchenteig rühren.

Kräuter fein hacken und unter den Teig heben. Pfannkuchen ausbacken.

Sauerrahm mit zerquetschtem Knoblauch, Salz und Pfeffer würzen. Pfannkuchen damit einstreichen und aufrollen. Mit Salat servieren.

Gut schmeckt auch klein gewürfelter und gebratener Speck dazu, der mit in den Teig gerührt wird.

Frittata verde

100–150 g gemischte Kräuter (Wildkräuter und/oder Spinat, Kerbel, Petersilie), 1–2 Knoblauchzehen, 6 Eier, 25 g Parmesan, Salz, Pfeffer, Butter

Kräuter und Knoblauch hacken und zusammen mit den Eiern und dem Käse im Mixer pürieren, bis die Eiermasse grün ist. Salzen und pfeffern.

Butter in der Pfanne erhitzen und die Masse beidseitig ausbacken.

Fertige Fritatta in Stücke schneiden und mit einem Frühlingssalat als Vorspeise oder als Hauptgericht (anstelle der hart gekochten Eier) zum Steirischen Röhrlsalat servieren.

Spaghetti con le ortiche

ca. 1 kg junge Brennnesselblätter, 500 g Spaghetti, Salz, Olivenöl, geriebener Pecorino

Gewaschene Brennnesselblätter zusammen mit den Spaghetti in kochendes Salzwasser geben.

Sobald die Spaghetti al dente sind, abtropfen lassen und in einer vorgewärmten Schüssel mit reichlich Öl vermischen. Das Ganze mit Käse bestreuen.

KRÄUTERKÜCHE

Zum Mitkochen und Schmurgeln in Eintöpfen und Soßen eignen sich vorzugsweise getrocknete Kräuter. Frische Kräuter sollten – bis auf ein paar Ausnahmen – nie verkocht, sondern immer am Schluss in oder über die Speisen gegeben werden. Nur leicht erwärmt (ganz wichtig bei Petersilie), oder ganz kurz in Öl oder Butter angeschwitzt entfalten sie ihr Aroma am besten. Nebenbei schützen uns die Kräuter auf diese Art selbst in einem immer wieder aufgewärmten Gericht vor der völligen Abwesenheit von Vitaminen.

Durch das Mitkochen verlieren sie allerdings ihre Wirkung als Heilkräuter. Futsch ist auch das feine Aroma, vor allem bei Schnittlauch, Dill, Petersilie und den meisten anderen Kräutern. Hitzebeständiger sind die typisch mediterranen Kräuter, wie etwa Thymian, Salbei, Oregano. Aber auch diese sollten, wenn man ihren gesundheitlichen Wert erhalten will, nicht völlig verkocht und verbraten werden. Also alles so frisch wie möglich auf den Tisch!

Natürlich gibt es von dieser Regel hunderttausend Ausnahmen. Rucola zum Beispiel gibt der Tomatensoße eine unvergleichliche geschmackliche Tiefe, wenn er gleich pfundweise möglichst lange mitgekocht wird. Ähnlich verhält es sich mit dem Basilikum oder der Brennnessel.

Vor allem von der Brennsessel können wir schon mal größere Mengen verwenden, da sie noch umsonst zu haben ist. Wer allerdings keine Zeit hat, mehr als eine Hand voll zu sammeln, sollte die wertvollen Blätter lieber roh als Salat (dabei nur die ganz jungen, zarten Brennnesselblätter verwenden) oder als ganz kurz gedünstetes Gemüse essen. Wer fleißiger ist und größere Mengen zur Verfügung hat, kann ein interessantes und einfaches Rezept probieren, das aus der Küche der süditalienischen Bergbauern kommt: Spaghetti con le ortiche (siehe gegenüberliegende Seite).

Geschmorte Brennnessel

junge Brennnesselblätter, Salz, Oliven- oder Sonnenblumenöl,

Brennnesselblätter in ganz wenig Wasser unter Rühren ein paar Minuten dämpfen. Mit Salz und Öl abschmecken. Als Beilage wie Spinat servieren.

Strangolapreti mit Brennnesselgemüse

5 alte Semmeln, 1/4 l Milch, ca. 300–500 g junge Brennnesselblätter, 3 Eier, 50 g geriebener Parmesan oder alter Bergkäse, Salz und Pfeffer, Semmelbrösel, 60 g Butter, 1 EL Mohn, ein paar Salbeiblätter, Parmesan zum Bestreuen

Semmeln klein würfeln und mit heißer Milch übergießen. Mindestens 1/2 Stunde stehen lassen. Inzwischen die Brennnesseln in wenig Wasser dünsten, klein hacken und dann unter die Semmeln mischen.

Eier verschlagen und zusammen mit dem Käse unter die Semmelmasse mengen. Mit Salz und Pfeffer abschmecken. Falls der Teig zu weich ist, so viel Semmelbrösel untermischen, dass er formbar wird.

Mit nassen Händen ovale Nocken formen und in siedendem Wasser so lange gar ziehen lassen, bis sie sich umdrehen.

In einer Pfanne die Butter zerlassen. Mohn und Salbeiblätter dazugeben und die Butter aufschäumen lassen. Die Nocken damit begießen oder darin schwenken.

Das Ganze bei Tisch mit Parmesan bestreuen. Salat dazu reichen.

Das Gemüse in den Nocken ist natürlich austauschbar. Im Winter wird gerne gedünsteter und klein geschnittener Radicchio oder Endivien verwendet, später kann man auch gemischte Kräuter und natürlich Spinat nehmen.

BRENNNESSEL

Die Brennnessel ist noch eines der wenigen für die Küche relevanten Wildkräuter, da sie die meisten Menschen ohne Verwechslungsgefahr erkennen und sie außerdem noch reichlich zu finden ist.

Roh sollten wir nur im Frühjahr ihre ganz jungen Blätter verzehren. Später empfiehlt sich immer ein Überbrühen mit heißem Wasser, um den Nesselgiftstoff zu zerstören. Geschmort oder gekocht kann man die Brennnessel noch bis in den Sommer hinein zubereiten. Allerdings enthält sie mit der Zeit immer mehr Gerbsäure und schmeckt daher immer stacheliger und widerspenstiger.

Der Ruf der Brennnessel als Heilpflanze ist legendär. Unter ihrer rauen Schale steckt ein reicher Kern von Vitaminen, Flavonoiden, Eisen und Kieselsäure mit exzellenter blutsäubernder und harntreibender Wirkung.

Allerdings ist die Brennnessel auch ein eifriger Nitratsammler. Daher Brennnesselgerichte besser nicht mehr aufwärmen und nicht von nährstoffreichen Böden sammeln, etwa gedüngten Wiesen und Ackerrändern, sondern am besten nur dort , wo man sicher ist, dass keinerlei Dünge- oder Pflanzenschutzmittel ausgebracht wurden. Die letzte Regel gilt übrigens für alle Wildkräuter.

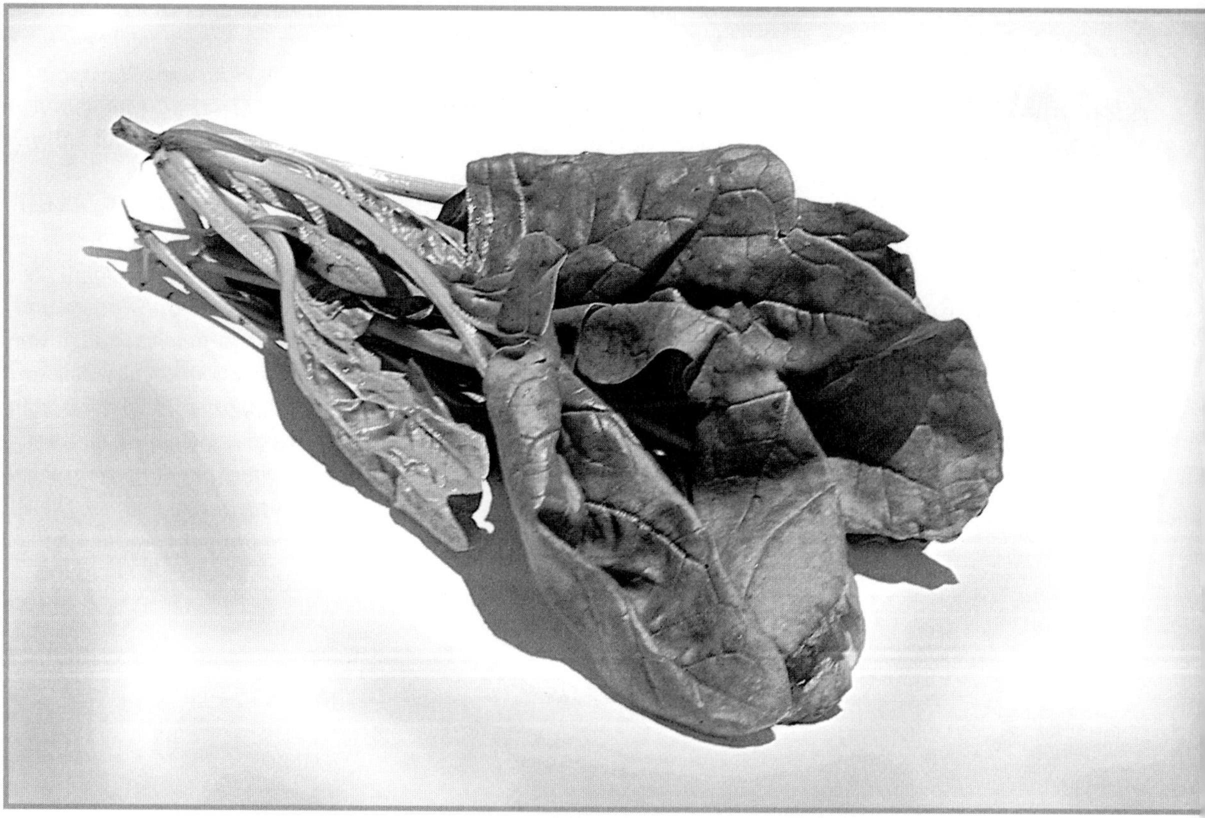

SPINAT: MEDIENSTAR AUS DER TIEFKÜHLTRUHE

Früher war er ein regelmäßig wiederkehrender Konfliktherd im so genannten familiären Spannungsfeld. Heute hat sich das entschärft, dank der Tiefkühlindustrie, die Millionen ins öffentliche Bewusstsein investiert hat, um den Spinat als praktisches, quadratisches und frisch-gesundes Convenience-Produkt ins Geschäft zu bringen.

Was früher der Seemann Popeye nur mit Mühe geschafft hat, leistet heute die TV-Werbung dank kontinuierlicher Dauerberieselung unserer Kids mühelos und erzielt so ein Umsatzhoch nach dem anderen.

Selbst in der Naturkostbranche, die sich mit ihrem guten Namen für naturbelassene Lebensmittel verbürgt, boomt die Tiefkühlware (TK-Ware) aus Ökoanbau. Hierzulande wird selbstverständlich mehr TK-Spinat als frischer gegessen. Anscheinend ein überzeugendes Produkt, das sicherlich sehr schonend blanchiert und gefrostet wird, wie uns Industrie und Händler versichern. Sogar weniger Nitrat soll er enthalten als frischer Spinat, was zwar logisch ist, wenn frischer mit blanchiertem (in dessen Kochwasser oder Dampf das Nitrat ausgelöst wird) verglichen wird. Das Ergebnis ist im Endeffekt beide Male dasselbe, was aber nicht jedem gleich auffällt.

Wenig Gründe also, die gegen eine Verwendung von TK-Spinat in der Küche sprechen, wenn man vom Energieaufwand einmal absieht. Der ist nötig für industrielles Blanchieren, Frosten, Lagern, für die Kühllogistik- und den Transport, für die Tiefkühltheken in den Märkten und für das Gefrierfach zu Hause und schließlich für das schnelle Auftauen im Kochtopf.

Etwa 2000 km reist heute ein halbes Kilo Lebensmittel in den USA, bevor es beim Verbraucher ankommt. Vermutlich wird es bei uns in einigen Jahren auch nicht besser ausschauen.

Aber letztlich spielt der Energieverbrauch für das bisschen Spinat in einer Gesellschaft, die pro Kopf etwa fünfzigmal soviel Energie verbraucht wie ein Mensch in Afrika, auch keine Rolle mehr.

Dabei geht's mit dem frischen Spinat so einfach: kaufen, waschen und mit ein bisschen Öl oder Butter ab damit in den Kochtopf; anschließend salzen. Fertig. Wer will, vermanscht das Ganze noch mit dem Pürierstab.

Und gerade beim Spinat könnte man so leicht auf die Tiefkühlkost verzichten. Denn bis auf eine kurze Zeit im Winter steht er bei uns fast ganzjährig zur Verfügung, und falls er einmal ausfällt, begnügen wir uns mit Mangold, Broccoli, Salaten, Wirsing usw. So einfach wäre es, mit einem guten Essen schlechte Energiebilanzen zu verbessern und wie Popeye aus wenig Spinat eindrucksvolle Muskelberge zu schaffen.

Eines muss man ihr aber doch zugute halten, der Tiefkühlindustrie: Sie hat den Kinderschreck „Spinat“ mit einem „Blubb“ und anderen Mätzchen entdämonisiert. Ein Schrecken übrigens, der dem Spinat nicht zufällig anhaftete. In einer Ernährungskultur, die Hamburger zum Grundnahrungsmittel par excellence macht, ist es kein Wunder, wenn Kinder rebellieren, wenn sie plötzlich gesunden Spinat essen sollen.

Aye, aye, Popeye, wenn wir früher auf dich gehört hätten, dann bräuchten wir die Tiefkühlindustrie nicht einmal zu diesem Zweck.

GEDÜNSTETER BLATTSPINAT

800 g Spinat, Salz und Pfeffer, nach Belieben Muskat, Olivenöl, Zitronensaft

Spinat in wenig Wasser zerfallen lassen (In der Regel reicht das noch vom Waschen an den Blättern haftende Wasser), salzen, pfeffern und nach Belieben mit Muskat abschmecken. Mit einem Schuss Olivenöl aromatisieren und bei Tisch mit Zitronensaft beträufeln.

GEDÜNSTETER BLATTSPINAT MIT KNOBLAUCH

800 g Spinat, Olivenöl, Salz, Pfeffer, Knoblauch, Zitronensaft

Spinat in Olivenöl gar dünsten (zerfallen lassen), salzen, pfeffern und mit zerdrücktem Knoblauch würzen. Bei Tisch mit Zitronensaft beträufeln.

BLATTSPINAT MIT TOMATEN UND SCHAFSKÄSE

Zutaten wie bei Blattspinat mit Knoblauch; dazu 2 geschälte und gewürfelte Tomaten, 100 g Schafskäse (Feta)

Zubereitung wie bei gedünstetem Blattspinat. Abgetropfte Tomaten am Schluss zum gedünsteten Spinat geben, kurz erhitzen, vom Ofen nehmen und zerbröckelten Schafskäse unter das heiße Gemüse mischen.

Gedünsteter Spinat passt zu fast allem, etwa zu Eiern, Getreidegerichten, Fisch und Fleisch, schmeckt aber auch einfach solo zusammen mit einem guten Brot.

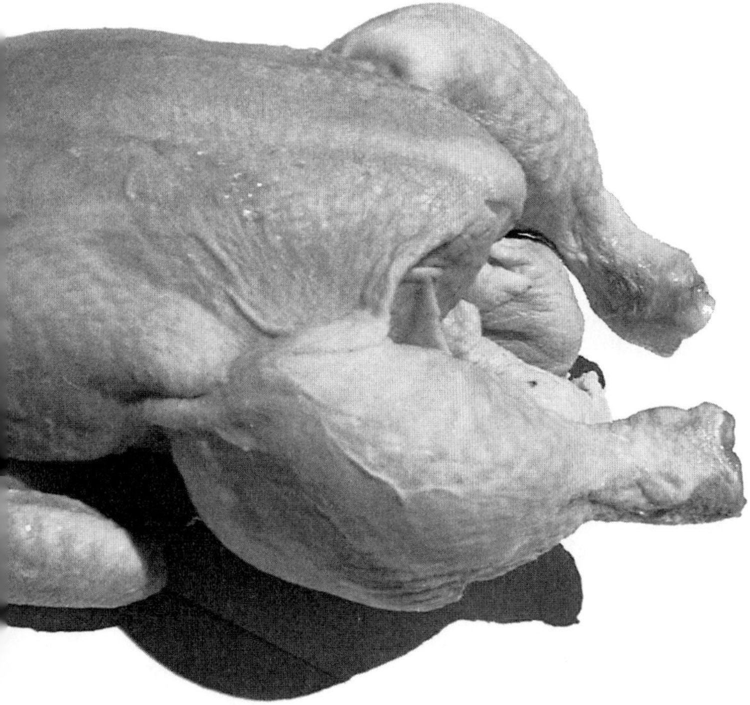

Damit wir Fleischesser nicht zu kurz kommen, gibt's jetzt noch ein klassisches Gericht aus Frankreich:

FLEISCHGERICHT

COQ AU VIN MIT BLATTSPINAT

1 Hähnchen, Olivenöl, 6 mittelgroße geviertelte Zwiebeln, Petersilie, Thymian, 3 Knoblauchzehen, 6 gehäutete und grob zerhackte Tomaten, Salz, Pfeffer, mindestens 1/4 l Weißwein, Zitronensaft, 1-2 EL abgezupfte Estragonblätter, ca. 1 kg Spinat

Hähnchen portionsweise zerteilen und in Öl goldbraun braten.

Zwiebeln, Petersilie und Thymian andünsten, zerdrückte Knoblauchzehen und die Tomaten zugeben. Salzen und Pfeffern. Zusammen mit dem Hähnchen und dem Weißwein 3/4 Stunde zugedeckt köcheln lassen.

Mit etwas Zitronensaft abschmecken und Estragon untermischen.

Den Spinat wie auf Seite 117 beschrieben dünsten.

Statt des Hähnchens kann man es auch einmal mit Kaninchen versuchen.

FLIAGAT'S FLEISCH

Nach landläufiger bayrischer Auffassung ist „a fliagat´s Fleisch" kein ernst zu nehmendes Fleisch, was offenbar auch viele an sich ernährungsbewusste Menschen glauben. Denn nicht erst seit BSE sind Hühner- und vor allem Putenfleisch ein Renner; konzentriertes Eiweiß und wenig Fett – dieser Mix aus der Diätküche ist zum Grundelement in der Ernährung vieler geworden, die weniger vom Hunger, sondern mehr vom Übergewicht bedroht sind.

Ein kurzer Blick in die trostlosen Ställe, wo sich das Geflügel auf engstem Raum drängt und nur durch Beimischung von Antibiotika ins Futter bis zur Schlachtreife am Leben gehalten wird, genügt allerdings, um die Perspektivlosigkeit einer Küchenphilosophie zu erkennen, die im Verzehr von Geflügelfleisch eine gesündere Alternative sieht.

Legt man Wert auf tierfreundliche Haltungs- und Fütterungsmethoden, sollte man wissen, dass diese zu doppelt so langen Mastzeiten bei um ein Viertel bis ein Drittel weniger Endgewicht führen. Weder kann die Menge geliefert werden, um eine Ernährung auf den regelmäßigen Konsum von Geflügel aufzubauen, noch könnte Otto Normalverbraucher die Preise bezahlen. Schließlich sind 12 Getreidekalorien nötig, um eine Nahrungskalorie aus Geflügelfleisch zu gewinnen.

In einem Haushalt, in dem es als selbstverständlich betrachtet wird, kein Fleisch aus der intensiven Massentierhaltung zu kaufen, wird das Geflügel daher im Alltag keine allzu große Rolle spielen. Aber für einen schönen Sonntagsbraten oder für einen Coq au vin unter Freunden können wir schon mal was springen lassen.

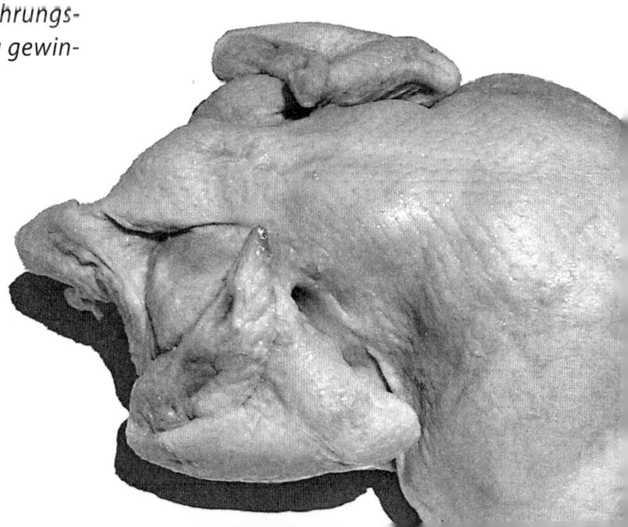

Spinatknödel

5 alte Semmeln, 1/8 l Milch, ca. 800 g Spinat, 2 Eier, 60 g Butter, 50 g klein gewürfelter Bergkäse, Salz und Pfeffer, Semmelbrösel, ein paar Salbeiblätter, Parmesan zum Bestreuen

Semmeln klein würfeln oder feinblättrig schneiden. Mit heißer Milch übergießen.

Spinat in wenig heißer Butter zerfallen lassen und so lange dünsten, bis die Flüssigkeit verschwunden ist. Dann pürieren und unter den Knödelteig mischen.

Verschlagene Eier und Bergkäse (kann auch weggelassen werden) in die Masse einarbeiten. Salzen und pfeffern. Falls die Masse zu weich wird, Semmelbrösel einarbeiten.

Mit nassen Händen runde Knödel formen und in siedendem Wasser so lange gar ziehen lassen, bis sie sich umdrehen.

Salbeiblätter klein hacken. Restliche Butter schmelzen und Salbei dazugeben. Salzen und einmal aufschäumen lassen. Anschließend die Knödel mit der Butter beträufeln.

Wer will, kann einen Klacks dicker Tomatensoße dazu reichen. Bei Tisch mit geriebenem Käse bestreuen.

Da wir gerade beim Thema Nocken und Knödel sind, empfehlen sich als sättigendes vegetarisches Gericht

Käsenocken auf Blattspinat

5 alte Semmeln (oder 300 g Knödelbrot), 1/4 l Milch, 1 Zwiebel, Butter, 250 g Bergkäse, Emmentaler, Gouda oder - wenn man's deftig mag - Tiroler Graukäse, Schnittlauch und/oder Petersilie, 1 EL Mehl, 2 Eier, Salz und Pfeffer

Semmeln klein würfeln und mit heißer Milch übergießen. Ca. 1/2 Stunde quellen lassen.

Inzwischen die Zwiebel klein hacken und in Butter leicht anbräunen. Käse würfeln und zusammen mit der Zwiebel und dem klein geschnitten Schnittlauch unter das Knödelbrot mischen.

Mehl und Eier verquirlen, salzen und pfeffern und mit dem Knödelbrot vermengen.

Mit nassen Händen ovale Nocken formen und in siedendem Wasser so lange ziehen lassen, bis sie sich umdrehen.

Die Nocken auf dem gedünsteten Spinat anrichten und mit heißer Butter übergießen.

DIE KUNST DER FUGE: SPINAT UND KNÖDEL

Spinatknödel werden rund geformt und fast genauso hergestellt wie Pfaffenwürger. So nennt man die auf Seite 112 beschriebenen Strangolapreti im Trentino (strangolare = würgen). Angeblich hat ein gieriger Pfarrer so viel davon verdrückt, dass er daran erstickte. Ob das tatsächlich geschehen ist, oder ob es sich dabei um unchristliches Wunschdenken handelte, kann hier nicht beurteilt werden.

Aber eine gewisse Gefahr, von der Mächtigkeit des mit Käse und Gemüse gefüllten und mit reichlich Butter übergossenen Gnocco, Nocken oder Knödels erdrückt zu werden, besteht südlich des Alpenhauptkamms durchaus. Schließlich isst man nach einer alten Regel aus dem benachbarten Südtirol den ersten Knödel zur Suppe, den zweiten zum Sauerkraut und Gemüse, den dritten zum Fleisch, den vierten zum Salat und den fünften mit Zimt und Zucker zum Zwetschgenröster. Und dann fängt man wieder von vorne an.

Das Reich des Knödels, dieses mit altem Brot und frischen Eiern hergestellten Recyclingprodukts, beginnt im Trentino und in Oberitalien und erstreckt sich im Norden und Osten weit über Österreich hinaus bis nach Ungarn und Tschechien. Das Herz seines Einzugsgebietes liegt allerdings zweifelsfrei hier in Ober- und Niederbayern. Seit über 3000 Jahren gibt es den Knödel schon, und irgendeine Abart davon findet man fast auf der ganzen Welt.

In der fleischarmen und ökologischen Küche der vernünftigen Menschen von heute erlebt dieser traditionelle Begleiter fetter Braten eine atemberaubende Karriere von der Beilage zum Hauptgericht. Das ist auch richtig so, denn die Kombination von Getreide, Ei und Gemüse ist ernährungsphysiologisch gesehen eine ausgewogene Sache, vor allem, wenn dabei Vollkornsemmeln und -brot mit verarbeitet werden. Durch eine behutsame Verwendung von Butter und Käse fügen sich Knödel und Spinat zu einem Klassiker vegetarischer Kochkunst zusammen. Reichlich frischer Salat passt dazu wie das Tüpfelchen auf das i.

FÜLLUNG

SPINATFÜLLUNG

600 g Spinat, Butter, etwa 200 g Speisequark, 150 g geriebener Käse (Parmesan, alter Bergkäse oder Gouda), Salz und Pfeffer

Spinat in heisser Butter zusammenfallen lassen, pürrieren und in einer Schüssel mit Quark und Käse vermischen. Mit Salz und Pfeffer abschmecken

SPINAT-RAVIOLI

Nudelteig (siehe Seite 47), Spinatfüllung (siehe oben)

Nudelteig herstellen. Kreise ausstechen, einen Klacks Füllung in die Mitte setzen, zuklappen und die Ränder gut zusammendrücken.

In siedendem Wasser gar ziehen lassen. Entweder wie Tiroler Schluzkrapfen mit heißer Butter und geriebenem Käse servieren, oder wie Ravioli mit einer einfachen Tomatensoße.

SPINAT-PFANNKUCHEN

Mehl, Spinatfüllung, Butter, Käse, 1 Glas Milch

Dünne Pfannkuchen aus fein gemahlenem Vollkornmehl oder Mehl Type 1050 backen.

Pfannkuchen mit Spinatfüllung bestreichen. Bratreine mit Butter ausstreichen.

Die Pfannkuchen entweder aufrollen oder zweimal zusammenklappen (auf einen Viertelkreis). Nebeneinander oder dachziegelartig in der Reine auslegen. Mit Käse bestreuen und Butterflöckchen aufsetzen.

Die Schüssel, in der die Füllung vermischt wurde, mit dem Glas Milch ausschwenken. Die grüne Milch rings um die Pfannkuchen ausgießen. Das Ganze im Backrohr bei ca. 180 °C ungefähr 20 Minuten backen.

TORTELLI

Nudelteig, Spinatfüllung, pro Tortelli 1 Eigelb, Salz und Pfeffer, Kräuterbutter, geriebener Käse

Nudelteig herstellen (siehe Seite 47) und mit Hilfe einer Untertasse Kreise von ca. 12 cm Durchmessser ausschneiden.

Auf jeden Kreis etwas Füllung verteilen und in die Mitte einen rohen Eidotter setzen. Dotter salzen und pfeffern. Anderen Kreis darüber legen Ränder gut andrücken.

Die Tortelli in siedendem Wasser gar ziehen lassen.

Nach Belieben mit heißer Kräuterbutter und geriebenem Käse servieren. Salat dazu reichen.

SPINAT-LASAGNE

Lasagneblätter (trocken ca. 250 g), Öl oder Butter, Spinatfüllung, 150 g gehackte Tomaten (Glas), Salz und Pfeffer, Knoblauch, etwas Basilikum, 1/4 l Milch, eventuell 1 Ei, 60 g geriebener Käse

Vorgekochte Lasagneblätter in einer geölten oder gebutterten Reine auslegen. Die Hälfte der Spinatfüllung darüber verteilen und mit der nächsten Nudelschicht abdecken.

150 g gehackte Tomaten (Glas) salzen und pfeffern und mit zerquetschtem Knoblauch und Basilikum würzen. Die Tomaten über den Nudeln verteilen.

Das Ganze wieder mit Nudeln abdecken und den Rest Spinatfüllung darüber geben. Jetzt wieder eine Nudelschicht darauflegen.

1 ¼ Milch mit 1 Ei (geht auch ohne) und dem geriebenen Käse verquirlen. Salzen und pfeffern und dann über den Auflauf kippen. Alles ca. 15 Minuten im vorgeheizten Rohr backen.

ZIGARETTEN

Quarkteig, Spinatfüllung, Öl

Quarkteig mischen wie auf Seite 34.

Etwa 8 bis 10 cm lange Rechtecke ausschneiden und Spinatfüllung darin einrollen. In heißem Öl frittieren.

Diese Rollen erinnern ein wenig an die türkischen Zigaretten-Börek, also an mit Schafskäse und Spinat gefüllte Blätterteigröllchen. Das folgende Gericht dagegen kommt aus den Tiroler Bergen.

TIRTLEN

2 Eier, 250 g Weizen- und 250 g Roggenmehl, Salz, ca. 30 g Butter, Spinatfüllung

Eier, Mehl, Salz und Butter vermengen, zu einem Teig verkneten und wie einen Nudelteig ausrollen.

Aus dem Teig desserttellergroße Scheiben schneiden. Jeweils eine Scheibe mit Füllung bestreichen und mit einer zweiten Scheibe abdecken. Gut andrücken.

Die Tirtlen in heißem Butterschmalz frittieren. Fertig.

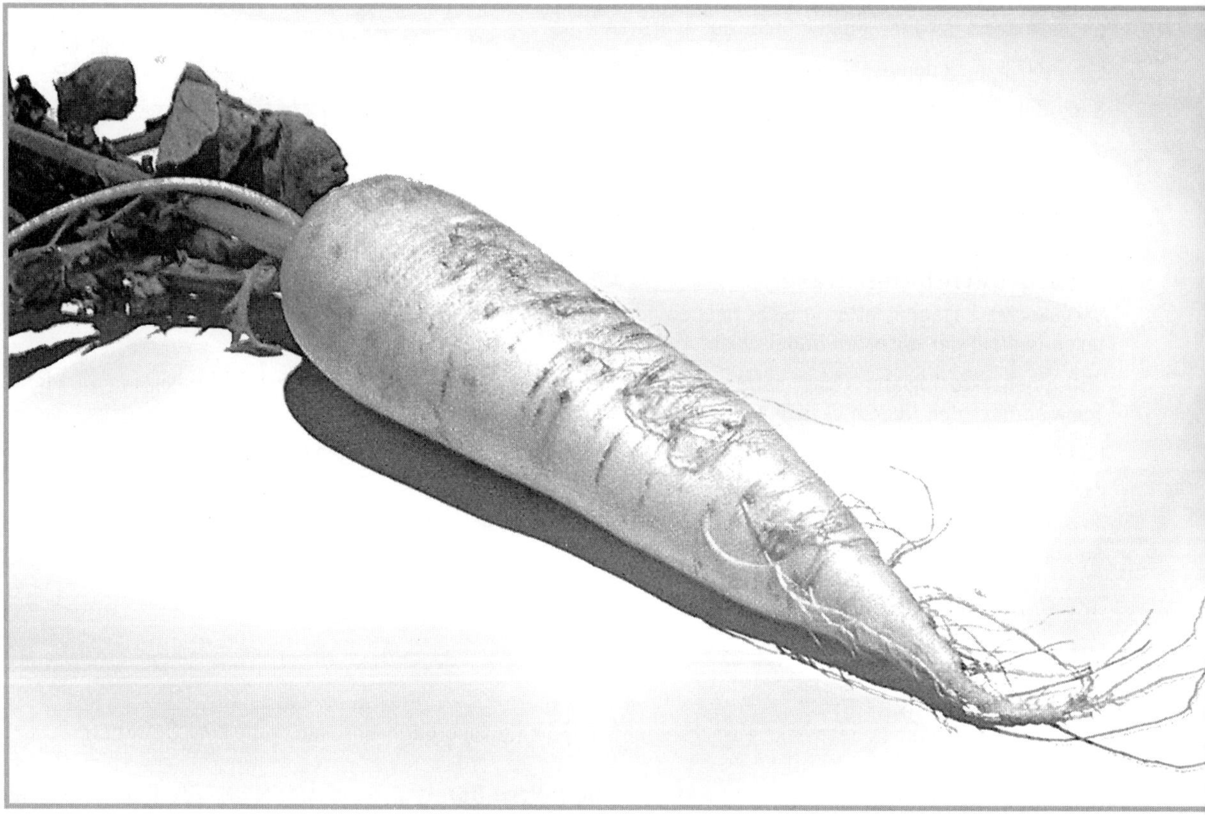

RADIESERL, RETTICH, RÜBCHEN UND KOHLRABI

Dieses Quartett gibt eigentlich wenig her für ein Kochbuch. Aus den ersten Kohlrabis oder Radieserln irgendetwas zu kochen, ist eine Sünde. Bis auf ein paar Ausnahmen gehören sie roh verspeist, immer mit ein bisschen Öl oder Butter, Brot und Salz dazu.

Am besten gibt es sie schon zum Frühstück. So startet man gut durchlüftet und im Vollbesitz seiner geistigen Kräfte in den Tag. Rettich macht angeblich einen klaren Kopf, was mit dem Raphanol, einem schwefeligen Öl zusammenhängen soll, das er in reichem Maße enthält. Es bringt alles in Fluss, die Galle genauso wie den Schleim in den Atemwegen und auch die Gedanken.

In den Biergärten meiner Heimat sind jetzt Butterbrot mit Radi (Rettich) und natürlich Bier die Grundelemente der traditionellen Frühjahrsdiät. Dazu gibt's Brezen, Schweinswürstl, Gummiadler und Ähnliches.

Wenn's dann allmählich wieder die ersten Feste im Freien und Grillabende gibt, spielen die vier in der Salatschüssel eine wichtige, weil verdauungsfördernde Rolle; erleichtern sie doch die Darmpassage fetttriefender Schmankerl und Grilladen.

Radieserl, Rettich, Rüben und Kohlrabi – ein echtes Stimmungsquartett!

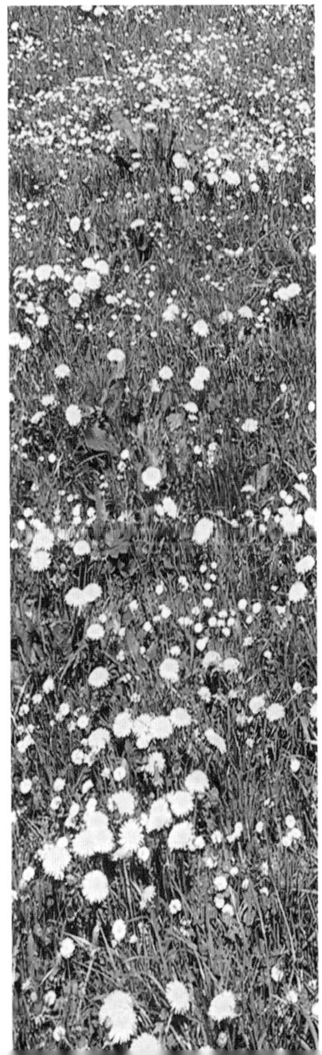

Salat mit Radieschen oder Rettichen

1 Bund Radieschen oder 1/2 Rettich, Salz, Apfelessig, Sonnenblumenöl, eventuell 1 TL Senf, 1 Kopf Salat

Radieschen oder Rettich feinblättrig aufschneiden. Salzen, mit Essig, Öl und eventuell Senf anmachen. Etwa 10 Minuten ziehen lassen. Erst jetzt die Salatblätter unterheben.

Radieserlsalat Mustafa

1 Bund Radieschen mit Blättern, nach Belieben 1 scharfe Peperoni (aus dem Glas oder frisch), 1 Zwiebel, Salz und Pfeffer, Rotweinessig, Oliven- oder Sonnenblumenöl

Radieschen vierteln. Radieschenblätter und die Peperoni grob hacken. Zwiebel in ganz feine Halbringe schneiden. Mit den restlichen Zutaten abschmecken.

Passt als Vorspeise mit Brot oder wird – à la Mustafa – unter den heißen, lediglich gesalzenen Reis gemischt. Schmeckt ausgezeichnet!

Geschmorte Radieserl

1 bis 2 Bund Radieschen mit Blättern, 1 Zwiebel, 50 g Speck, Olivenöl, Salz und Pfeffer, Rotwein- oder Balsamico-Essig nach Belieben

Radieschen vierteln, Blätter grob hacken, Zwiebel fein schneiden und Speck würfeln. Alles zusammen in Olivenöl bei nicht zu starker Hitze etwa 10 Minuten braten.

Salzen, pfeffern und nach Belieben mit ein paar Spritzern Essig abschmecken. Wird traditionell zu gebratenem Fleisch gereicht. Schmeckt sehr gut zu Getreidebratlingen oder vermischt mit Penne oder Hörnchennudeln.

Tipp: Wer keinen Speck mag, kann ihn weglassen oder dafür klein gewürfelten Räuchertofu mitbraten.

Dieses Gericht kommt aus dem Veneto, und beim Originalrezept wird eine wilde Art des Radieschens, genannt „Fratocio", verwendet, die im Frühjahr gesammelt wird. Ähnlich wie die ägyptischen Sorten besteht dieses wilde Radieschen im Wesentlichen aus Blättern und weist nur eine leichte Verdickung des Hypokotyls auf (letzteres ist das Stück zwischen Wurzel und Blättern, aus dem sich die Knolle entwickelt). Man kann für das Rezept aber auch unsere kultivierten Radieserl verwenden.

ÄGYPTISCHE ERFAHRUNGEN

Bei den Radieserln kann man übrigens nicht nur die kleine rote Kugel essen, sondern auch die Blätter. Und es gibt sogar Menschen, die es umgekehrt machen wie wir. Mustafa, ein früherer Mitarbeiter in unserer Gärtnerei, kam aus Ägypten und schnitt allen Radieschen die Blätter ab.

Die hackte er sich klein, aß sie zum Brot und zu Nudeln oder Reis. Den Rest, also das eigentliche Radieschen, warf er in den Kompost. Bis wir ihm dahinter kamen. Ab dann wurde wenigstens nichts mehr weggeworfen. Er bekam die Blätter, wir die rote Verdickung.

Von der Genießbarkeit der „scharfe Kugel" war Mustafa, der schon zum Frühstück feurige Peperoni aß, erst nach langem Überreden zu überzeugen. Aber noch länger hat es gedauert, bis umgekehrt wir kapierten, was wir da immer wegschmeißen.

Wahrscheinlich steckt das Wertvollste von den Radieschen, also die meisten Vitamine und Mineralien, im Blattgrün.

Am zartesten schmecken die spinatartigen Blätter der ersten Radieschen. Später werden sie, da sie aus dem Freiland kommen, ähnlich der Brennnessel rauer im Geschmack, sind aber deutlich milder als diese. Übrigens gibt es in Ägypten und im Nahen Osten Radieschensorten, die nur wegen der Blätter kultiviert werden.

Radieschen mit Sauerrahm

2 Bund Radieschen, Butter, 1/2 Becher Sauerrahm, Salz und Pfeffer, Muskat, ein paar Radieschenblätter

Radieschen in Scheiben schneiden und in Butter anbraten. Nicht braun werden lassen.

Sauerrahm darüber kippen, salzen und pfeffern. Nur noch so lange köcheln, bis alles gut durchwärmt ist. Mit Muskat abschmecken. Radieschenblätter in feine Streifen schneiden und unter das Gemüse mischen.

Man kann Radieschen auch im Ofen schmoren oder mit Zucker kandieren. Oder sogar aushöhlen und füllen. Man sollte es mit dem Einfallsreichtum aber auch nicht übertreiben, denn letztlich sind sie doch roh am besten.

Rettichsalat

Rettich, Salz, Pfeffer, Apfelessig, Sonnenblumenöl

Rettich feinblättrig aufschneiden, salzen, pfeffern und mit Essig und Öl anmachen.

Gesalzener Rettich, mit Essig und Öl angemacht, wurde früher an manchen Sommertagen anstelle des Sauerkrauts zum Knödel und zum Geselchten gereicht. Dieses „Radigmüas" wird im Winter aus fein geraffelten schwarzen Rettichen hergestellt. Die Küche der bayrischen Landbevölkerung bestand noch in den Zeiten meiner Kindheit werktags aus der nahezu täglichen Wiederkehr von Kraut, Knödeln und zur Haltbarmachung erst geräuchertem, anschließend gekochtem und meist recht fettem Fleisch. Nur der Freitag (Fasttag) und der Radi, und noch seltener ein Gurkensalat, sorgten für ein wenig Abwechslung.
Knödel und Radisalat sind auf alle Fälle eine gute Kombination, und das gekochte Wammerl kann man weglassen oder auch genießen, wenn sicher ist, dass sich nicht wieder die alte Gewohnheit einschleicht, jeden Tag Geselchtes zu essen. Außerdem handelt es sich dabei um eine ideale Resteverwertung, denn abgerösteter Knödel mit „Radigmüas" schmeckt fast noch besser als im Urzustand. Eine vollwertiges vegetarisches Essen wird daraus, wenn man wie im folgendem Rezept den Rettich mit saurem Rahm anmacht.

Rettich mit Sauerrahm und gerösteten Knödelscheiben

Rettich, Salz, Pfeffer, Apfelessig, Sonnenblumenöl, Sauerrahm oder Crème fraîche, Schnittlauch, Knödel, Butter, Öl

Radisalat herstellen wie oben beschrieben. Mit so viel Sauerrahm oder noch besser Crème fraîche mischen, dass ein schön sahniges Gericht entsteht. Mit Schnittlauch bestreuen.

Knödel (Semmelknödel, Teigknödel, Spinatknödel oder Käseknödel) in fingerdicke Scheiben schneiden und in Butter-Öl-Mischung bei milder Hitze beidseitig rösten.

Wichtig ist, dass die Knödel langsam anrösten und erst gewendet werden, wenn sie sich von selbst vom Pfannenboden lösen.

Früher wurde in Bayern auch eine warme Rettichsuppe gegessen, die im Wesentlichen aus einer Einbrenne, Wasser und geriebenem Rettich bestand. Suppeneinlage war in der Regel – natürlich – der Knödel. Heute kennen wir warme Rettichgerichte hauptsächlich aus der Küche Ostasiens. Da dieser Kulturkreis nicht über unsere bodenständigen Semmel- und Kartoffelknödel verfügt, wird dort der Rettich zu Bällchen aus Tofu, Reis, Kichererbsen und anderen Klassikern dieser wunderbaren Küche serviert. Um einer Kompetenzüberschreitung vorzubeugen, wagen wir uns allerdings lieber nicht allzu weit in das unbekannte Gebiet der fernöstlichen Kochkunst.

Gebeizter Rettich

1 weißer Rettich, 5 oder 6 Radieschen, 1/8 l Wasser, 1/8 l Weißweinessig, 2 EL Honig, Salz, Pfeffer, 1 bis 2 kleine getrocknete, scharfe Peperoni, Sojasoße

Rettich und Radieschen feinblättrig aufschneiden und mischen.

Wasser, Essig und Honig miteinander verrühren, salzen, pfeffern und mit den Peperoni kurz aufkochen.

Mit Sojasoße abschmecken. Eventuell etwas mehr Essig oder Honig dazugeben. Die Mischung heiß über die Rettiche gießen. Mindestens eine 1/4 Stunde stehen lassen.

Für die Beilage versuchen wir es bei diesem exotischen Gericht einmal mit Tofu. Spätestens seit es auch in Bayern die ersten Tofureien gibt und bei uns angebaute Sojabohnen verwendet werden, haben auch heimatverbundene Esser keine Ausrede mehr, auf diesen Lieferanten hochwertigen Eiweißes zu verzichten. Tofu schmeckt zwar nach gar nichts, aber das ist nicht so wichtig, denn dafür kann man (ähnlich wie bei Nudeln, Reis und Knödeln) allerhand Feines mit ihm anstellen. Da er vom Biss her einem etwas strengen Leberkäs entspricht, fügt er sich problemlos ins traditionelle bayrische Kaumuster. Zum gebeizten Rettich empfehlen wir deshalb

Bratkartoffeln mit Tofu und Sesam

1 kg vorwiegend fest kochende oder mehlige Kartoffeln, Öl (Sesam-, Erdnuss- oder Olivenöl), 300 g Tofu, 4–5 EL Sojasoße, Salz, Pfeffer, ca. 50 g Sesam

Tofu würfeln und in der Sojasoße marinieren. Immer wieder wenden.

Kartoffeln schälen (außer neue Kartoffeln; diese auf gar keinen Fall schälen!) und je nach Größe vierteln oder achteln. Backrohr auf 200 °C vorheizen.

Die Kartoffeln in eine Bratreine schütten, mit Öl begießen und durchschaufeln. Im Rohr so lange backen, bis sie außen schön gebräunt und innen weich sind. Zwischendurch immer wieder durchschaufeln.

Etwa 10 Minuten vor Ende der Bratzeit die Tofuwürfel untermischen. Salzen und pfeffern. Inzwischen Sesam trocken in der Pfanne rösten und salzen. Die heißen Bratkartoffeln mit dem Sesam mischen.

Eierbrot mit rotem Rettich und Knoblauch

2–3 Eier, Salz, Pfeffer aus der Mühle, 4 fingerdicke Scheiben Vollkornbrot, 3 Knoblauchzehen, Butter, 2–3 rote Rettiche (weiße gehen auch, rote sehen aber besser aus), Apfel- oder Weißweinessig, Sonnenblumenöl, 1 Schale Kresse

Eier in einem Teller verschlagen. Salzen und pfeffern. Brotscheiben im Ei wenden und darin liegen lassen. Immer wieder wenden, bis die Eier aufgesaugt sind.

Knoblauch in Scheiben schneiden, in Butter leicht anbraten und aus der Pfanne fischen. Zur Seite stellen.

Rettich feinblättrig aufschneiden, salzen und mit Essig und Öl anmachen. Brotscheiben in der Pfanne bei milder Hitze in Butter beidseitig braten.

Die Brote auf dem Teller verteilen, die gebräunten Knoblauchscheiben über das Gericht streuen. Pfeffer darüber mahlen und mit Kresse bestreuen. Mit einer Portion Rettichsalat servieren.

Vorspeise mit gehackten Rübchen und Petersilie

1 Mairübe, 1 kleine rote Zwiebel, 1/2 Bund Petersilie, Salz und Pfeffer, Brot und Butter

Rübe schälen und zusammen mit der Zwiebel und der Petersilie ganz fein hacken. Salzen und pfeffern. Brotscheiben rösten, buttern und mit der Gemüsemischung bestreuen.

Geschmorte Mairüben mit Crème fraîche

1 kg Mairüben, Butter oder Butterschmalz, etwas Mehl, ein wenig Wasser oder Brühe, 4–5 EL Crème fraîche (oder Sauerrahm), Salz, Pfeffer, Petersilie

Rüben schälen und in dünne Scheiben schneiden. In Butter oder Butterschmalz anbraten, bis sich die Ränder leicht bräunen. Mit wenig Mehl bestäuben und mit ein paar Löffel Brühe ablöschen.

Crème fraîche unterheben und unter Rühren so lange braten, bis die Flüssigkeit eingedampft ist (die Rübchen sollten von einer dünnen Rahmschicht überzogen sein, aber nicht in einer Rahmsoße schwimmen).

Salzen, Pfeffer darüber mahlen und alles mit gehackter Petersilie bestreuen. Passt sehr gut zu Getreidepflanzerln.

Ohrennudeln mit Rübstiel

ca. 500 g Rübstiel, 400 g Orecchiette (Ohrennudeln), Salz, Olivenöl, schwarzer Pfeffer

Rübstiel klein rupfen. Orecchiette in kochendes Salzwasser schütten. Nach 2 bis 3 Minuten die Rübstiele dazugeben und alles al dente kochen.

Das Gericht abtropfen lassen und in eine vorgewärmte Schüssel geben, salzen und mit Olivenöl mischen. Schwarzen Pfeffer darüber mahlen.

Diese klassische Art der Zubereitung kann natürlich mit klein geschnittenen Tomaten und/oder klein gehacktem und in Öl geschmortem Knoblauch (oder auch Peperoni oder Sardellen) ergänzt werden. Im Übrigen kann Rübstiel als Salat angemacht oder wie Spinat nur in Butter oder Öl gedünstet werden.

MAIRÜBEN E CIME DI RAPA

Die Stoppelrübe gibt's jetzt im Frühjahr gleich zweimal. Einmal als weiße Rübe und einmal als grüne Rübstiele und Rübenblätter. Beide sind ziemlich aus der Mode gekomme. Und obwohl die Mairübe oder Navette als ganz junges, zartes Rübengemüse auch hierzulande in der deutschen Nouvelle Cuisine Furore gemacht hat, konnten die Rüben als solche bisher keine große Bedeutung mehr erlangen.

Tatsächlich wird die Begeisterung für die aus einer Küche für Schwerstarbeiter stammenden traditionellen Zubereitungsmethoden von Stielmus und „Ruamtauch" nicht von jedem Gourmet geteilt werden. Stielmus, das in Bayern kaum, sondern bevorzugt im Rheinland gegessen wurde und wird, findet sich gerne in einer Pampe aus Mehl, Speck und Fett wieder, während Speiserüben hierzulande oft zu einem süßlichem Kompott verkocht wurden, in das dann das Schmalzgebackene getaucht wurde. Zweifelsfrei gehören beide Arten der Zubereitung heute besser ins Museum.

In die ernährungsbewusste Küche von heute passt kein mit Mehl verkochtes Stielmus mehr und auch keine „Soachruam", wie Speiserüben aufgrund ihrer entwässernden Wirkung unschön, aber treffend bezeichnet wurden. Das Ist allerdings kein Grund, die Stopppelrübe endgültig zu vergessen. Im Gegenteil: Ein Blick über die Grenze zu unseren Nachbarn und ein bisschen fantasievolles Abspecken der alten Rezepte offenbaren uns die Rüben als ein vitaminhaltiges, gesundes und kulinarisches Abenteuer, auf das wir im Herbst noch ausführlich zu sprechen kommen werden. Dann nämlich beginnt ihre große Zeit.

Die Mairüben, eine Unterart des Rübsens, sind nur eine Sorte aus der Unzahl verschiedener Stoppelrüben und eng verwandt mit Raps und Kohl. Rübstiel oder Stielmus sind das Laub von aufrecht wachsenden Rüben, die so eng ausgesät werden, dass sie statt Rüben lange Blattstiele entwickeln. Ein klassisches Gericht aus Apulien sind „Orecchiette con cime di rapa", was frei übersetzt „Ohrennudeln mit Rapssprossen" heißt. Diese Rapssprossen sind im Grunde nichts anderes als unser Rübstiel, nämlich die Blätter einer regionalen Varietät der Stoppelrübe. Das süditalienische Nudelgericht ist nur ein Beispiel von vielen für eine leichte und zeitgerechte Alternative zum kalorienschweren und mehlverschwitzten Stielmus aus der rheinischen Kumpelküche.

Kohlrabi mit Petersilie

Kohlrabi, Salz und Petersilie

Kohlrabi grob raspeln, leicht salzen. Reichlich Petersilie klein schneiden und untermischen.

Kohlrabisalat mit Rucola oder Petersilie

Kohlrabi, Salz, Zitrone, Hanf- oder Sonnenblumenöl, Rucola oder Petersilie

Kohlrabi grob raspeln, leicht salzen, mit Zitronensaft beträufeln und Öl darüber geben.

Zugedeckt etwas durchziehen lassen. Kurz vor dem Servieren Rucola oder Petersilie klein schneiden und darüber geben.

Emmer-Kohlrabi-Bratlinge

180 g Emmer, 250 ml Wasser, 1 Ei, 80 g Kohlrabi, 1 kleine Zwiebel, Petersilie, 20 g Schafskäse (Feta), 10 gestrichene EL Mehl, Salz, Pfeffer, Öl oder Butterschmalz zum Braten

Emmer grob schroten, mit heißem Wasser übergießen und mindestens 1 Stunde quellen lassen (besser 2 bis 4 Stunden).

Gemüse grob raspeln, Zwiebel klein schneiden und mit etwas fein gehackter Petersilie mischen, Schafskäse klein bröckeln.

Alle Zutaten vermischen und mit Salz und Pfeffer abschmecken.

Mit einem Esslöffel kleine Häufchen in die Pfanne geben und mit dem Wender zu runden, flachen Talern drücken. Von beiden Seiten knusprig braten. (Achtung: erst wenden, wenn sich die Bratlinge leicht vom Pfannenboden lösen.)

Schmecken warm und kalt mit Salat oder Gemüse. Wer die Bratlinge mit Kohlrabisalat kombiniert, kann den Kohlrabi in den Bratlingen durch Gelbe Rüben, Fenchel oder Zucchini ersetzen.

Warmer Kohlrabisalat

4 Kohlrabi mit Grün, 1 hart gekochtes Ei, Weißweinessig, Olivenöl, 1 EL körnigen Senf, Salz und Pfeffer, Schnittlauch

Kohlrabiblätter abzupfen. Kohlrabi schälen, vierteln oder achteln und am besten im Dämpfeinsatz bissfest gar dünsten. Blätter mundgerecht zupfen (Stiele abschneiden) und ca. 3 Minuten blanchieren.

Hart gekochtes Ei schälen und klein hacken. Aus Essig, Öl, Ei, Senf und ein wenig Kochwasser eine Sauce mischen, salzen und pfeffern und unter die heißen Kohlrabi ziehen. Blätter untermischen und alles mit Schnittlauch bestreuen.

Getreidebratlinge oder ein Ring heißer Lyonerwurst passen gut dazu.

GEFÜLLTER KOHLRABI

Olivenöl oder Butter, ca. 180 g grob geschroteter Dinkel, 1/4 l Weißwein oder 1/4 l Wasser, 8 nicht zu große Kohlrabi mit Grün, 1 Zwiebel, 250 g Sauerrahm oder Crème fraîche, 40 g fein geriebener Hartkäse, Salz, Pfeffer, Majoran, 20 g fein geschroteter Dinkel

Öl oder Butter in der Pfanne erhitzen und den grob geschroteten Dinkel unter Rühren anrösten. Mit Wein oder Wasser ablöschen. Mindestens 1/2 Stunde ausquellen lassen.

Von den Kohlrabis die Blätter abzupfen und zur Seite legen. Kohlrabiboden glatt schneiden, damit die Knollen stabil im Kochtopf stehen. Deckel abschneiden und zur Seite legen.

Mit einem spitzen Messer ein Loch in den Kohlrabi schneiden. Dann mit einem Kaffeelöffel die Vertiefung einigermaßen gleichmäßig ausschaben. Kohlrabi-Inneres klein würfeln.

Zwiebel fein hacken und in Öl oder Butter glasig dünsten. Den grob geschroteten Dinkel dazugeben und unter Rühren trockenbraten. Dann die Hälfte der Crème fraîche, den Käse und die Hälfte des klein gehackten Kohlrabi-Inneren dazu.

Ein paar Kohlrabiblätter klein schneiden und untermischen. Gut mit Salz, Pfeffer und Majoran abschmecken. Kohlrabis füllen, einen Klacks Sauerrahm darüber geben und dann den Kohlrabideckel draufsetzen.

Den Rest des Kohlrabi-Inneren und ausreichend Kohlrabiblätter mit dem Mixstab pürieren, so dass ein schöner grüner Brei entsteht.

Öl oder Butter in einem großen Kochtopf erhitzen und den fein geschroteten Dinkel anrösten. Mit einer Tasse Wasser ablöschen. Den grünen Brei und den restlichen Sauerrahm (bzw. Crème fraîche)einrühren. Salzen und pfeffern.

Kohlrabis reinsetzen, Deckel auf den Topf und ca. eine 3/4 Stunde leise schmoren lassen. Immer wieder Flüssigkeit kontrollieren und umrühren, damit nichts anbrennt. Mit Salzkartoffeln servieren.

ACKERBOHNEN: SCHWEINEFUTTER FÜR GENIESSER

Diese Bohnen sind eigentlich keine, und besonders geschätzt werden sie hierzulande auch nicht. Aber unsere südlichen Nachbarn bringen uns allmählich wieder auf den Geschmack dieser Wickensamen. „Fave" heißt diese Spezialität in Italien, was schon besser klingt als Saubohne, Puffbohne oder Dicke Bohne.

Während wir die Ackerbohne höchstens noch als trüben Eintopf in Erinnerung haben, kennt man in anderen Ländern eine Unzahl von Rezepten. In Sardinien bäckt man sogar süße Kuchen damit. Im Übrigen handelt es sich bei ihnen nicht nur um eine Delikatesse, sondern auch um reinstes Kraftfutter mit hohem Gehalt an bestem Eiweiß (20 bis 30 %), vielen Kohlenhydraten und B-Vitaminen! Wir kennen sie als Gründüngung und Viehfutter – und als typisches Beispiel dafür, wie dumm wir manchmal sind. Kaum war man der Nachkriegsnot entwachsen, verschwand das Schweinefutter aus den Kochtöpfen. Nicht dass wir den Schweinen nichts gönnten, aber alles, was wir an hochwertigem pflanzlichen Eiweiß essen, brauchen uns die armen Säue weniger an Schnitzeln zu liefern.

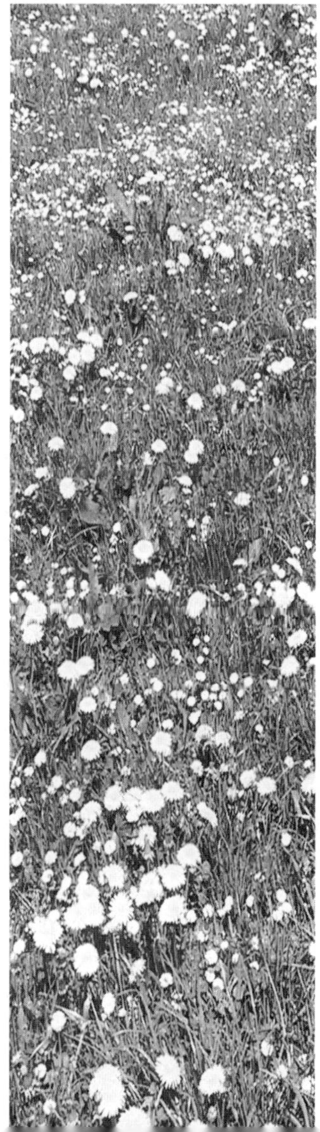

Ackerbohnen mit Knoblauch

Ackerbohnen, Olivenöl, Knoblauch, Salz und Pfeffer, gehackte Petersilie oder Minze

Ackerbohnen pellen und in wenig Wasser weich dünsten. Mit Olivenöl, zerdrücktem Knoblauch, Salz und Pfeffer abschmecken. Mit gehackter Petersilie oder Minze vermengen.

Schmeckt als Vorspeise und Beilage bei jeder Gelegenheit.

Je jünger die Ackerbohnen gegessen werden, umso besser schmecken sie. Die Hülsen sollten noch grün sein und noch keine gelben oder dunklen Flecken aufweisen. Also falls man selber welche im Garten hat, schnell noch in der so genannten Milchreife ernten, bevor die Haut der Samen immer zäher wird. Bei später geernteten Ackerbohnen sollte man die Haut ablösen. Dafür müssen sie in kochendem Wasser einige Minuten blanchiert und dann mit kaltem Wasser abgeschreckt werden. Danach kann man die Haut ganz einfach abreiben.

Ein kurzer Hinweis noch, damit wir vom Einkauf auch die richtige Menge mit nach Hause bringen: für ca. 500 g ausgelöste Bohnen benötigt man etwa 2 kg Schoten.

Maccheroni mit Quark und Ackerbohnen

400 g kurze Maccheroni (oder andere kurze Nudeln wie Hörnchennudeln o. ä.), ca. 250 g Quark, Salz und Pfeffer, 4 EL geriebener Hartkäse, ca. 300 g frische, ausgelöste Ackerbohnen, Knoblauch, Olivenöl

Nudeln bissfest weich kochen.

Inzwischen den Quark mit Salz, Pfeffer und Käse abschmecken, die Ackerbohnen in wenig Wasser weich dünsten und mit Knoblauch, Olivenöl und Salz abschmecken.

Nudeln auf vorgewärmte Teller verteilen und mit Quark und Bohnen anrichten.

Die einfachste Version dieses Gerichts haben wir in Sizilien kennengelernt: Nudeln, Bohnen, Ricotta und Salz. Da für uns ein frischer Ricotta aus Ziegen- oder Schafskäse eine rare Spezialität ist, ersetzen wir ihn durch unseren guten Quark vom Biobauern und würzen das Gericht mit geriebenem Käse, Öl und Knoblauch. Gut schmecken auch geschälte und gehackte Tomaten dazu, die, ehe die Bohnen al dente sind, zusammen mit einem Zweig frischen Rosmarins noch kurz mitgedünstet werden.

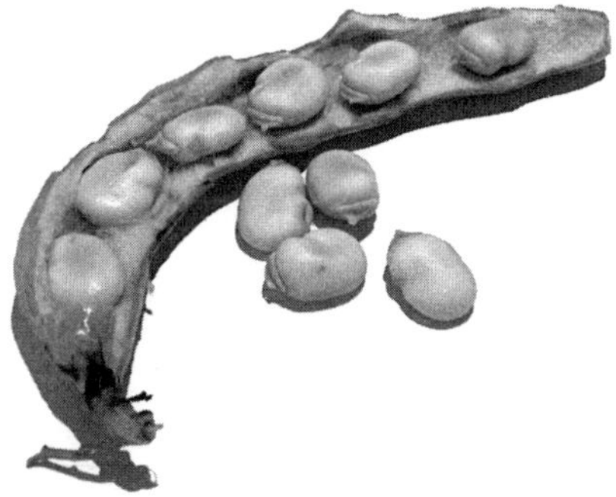

Da die Bauern noch jede Menge alte Kartoffeln im Keller und wir noch ein Glas Pesto vom letzten Jahr im Kühlschrank haben, was alles allmählich weg muss, gibt's jetzt

Gnocchi mit Ackerbohnen und Pesto

600 g alte Kartoffeln (am besten mehlige Sorte), ca. 100 g Weizenmehl Type 1050, Salz, 300 g ausgelöste Ackerbohnen, Salz, Olivenöl, ca. 100 g Pesto

Pellkartoffeln kochen, schälen und durch die Presse drücken. Mit dem Mehl vermischen. Salzen und zu einem Teig verkneten.

Den Teig auf einer bemehlten Fläche zu fingerdicken Würsten ausrollen und in ca. 2 cm dicke Stücke schneiden. Profis drücken mit dem Gabelrücken ein Muster in die Gnocchi.

Die Bohnen in siedendes Wasser geben, nach ca. 5 Minuten die Gnocchi dazugeben und beides gar köcheln lassen.

Gnocchi und Bohnen gut abtropfen lassen, auf die Teller verteilen, leicht salzen und mit Öl beträufeln. Mit Pesto vermischen.

Wer gerne Ackerbohnen isst und einen eigenen Garten hat, kann die Samen früh stecken, da die Ackerbohne im Gegensatz zu den richtigen Bohnen auch Kälte gut verträgt. Also schon Ende Februar oder Anfang März mit der Aussaat beginnen. Mit viel Glück kann man die ersten Ackerbohnen schon im frühen Juni ernten. Nicht nur der Feinschmecker freut sich, sondern auch der Garten, denn Ackerbohnen tun dem Boden gut und sind ein fleißiger Stickstoffsammler.

LAUTER FITTE KÖPFE

Da haben wir den Salat. Einer grüner als der andere. Selbst die roten. Endlich wieder sind sie da in unendlich vielen Sorten: grüner und roter Kopfsalat, Eichblatt rot und Eichblatt grün, Batavia, Eissalat, Till, Lollo rosso, Lollo bianco, Grazer Krauthäupl, Römersalat und viele mehr.

Und ab jetzt darf er bei keinem Essen mehr fehlen. Vor allem nicht beim Abendessen, denn in ihrem Milchsaft enthalten Blattsalate das Lactucerol, einen opiatähnlichen Stoff, der uns gut einschlummern lässt. Ruhig und zufrieden träumen wir dann von den vielen guten Vitaminen, dem Chlorophyll und den Mineralstoffen, die uns der Salat auch morgen wieder schenkt. Und im Traum wiederholen wir eisern die fünf Regeln, die wir bei Salateinkauf und -zubereitung auf alle Fälle beachten werden.

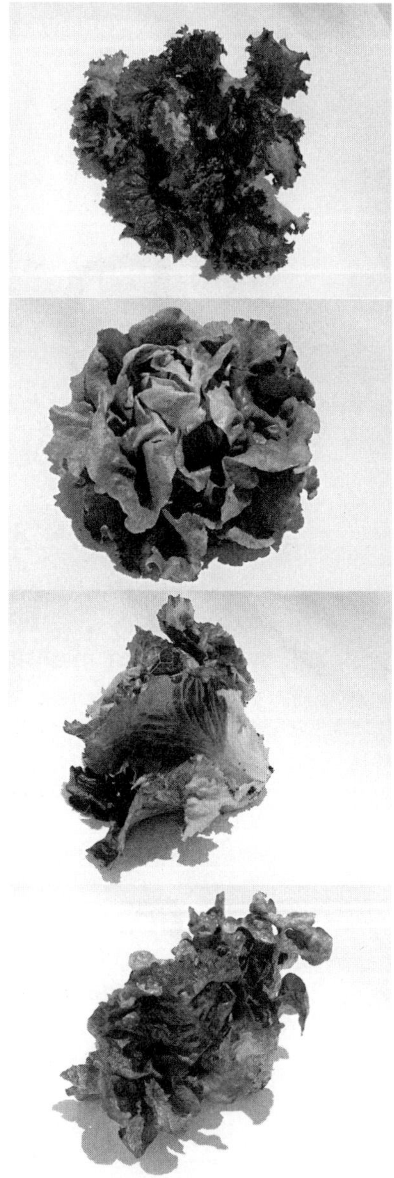

1. *Salate immer nur saisongerecht einkaufen, denn ihren Reichtum an Vitaminen und Mineralien erreichen die Pflanzen nur in ihrer natürlichen Vegetationszeit und auf dem Höhepunkt ihres Wachstums. Gewächshaussalate sind relativ wertlos, denn das in ihnen enthaltene Nitrat macht den gesundheitlichen Gewinn wieder zunichte, den wir durch den ihnen verbleibenden Rest an Vitaminen erzielen könnten.*

2. *Blattsalate so frisch wie möglich essen, bevor die äußeren Blätter welk werden. Denn hier in den äußeren Blättern stecken die meisten C-Vitamine (etwa die Hälfte, während im Salatherz nur noch etwa 5 % vorhanden sind). Genauso verhält es sich mit anderen Inhaltsstoffen wie Chlorophyll, Karotin, Kalzium. Umgekehrt wird im Inneren mehr Nitrat gespeichert als in den Außenblättern.*

3. *Salate erst kurz vor dem Zerkleinern waschen. Auf keinen Fall im Wasser liegen lassen. Das Wasser laugt wertvolle Inhaltsstoffe aus. Anschließend trocken schütteln oder schleudern.*

4. *Salate in mundgerechte Stücke rupfen. Am besten ganze gewaschene Salatblätter reichen, die sich jeder selbst vor dem (ebenfalls selbständigen) Anmachen zerzupft. Falls diese Eigenständigkeit an der Tafel nicht erwünscht ist, den Salat kurz vor dem Servieren klein rupfen. Dann schleunigst Öl dazugeben, damit die Schnittstellen (oder besser: Zerzupfstellen) nicht dem Vitamine abbauenden Sauerstoff ausgesetzt sind. Essig, Zitronensaft, Salz zum Schluss dazu, um zu verhindern, dass die Säure die Blätter gar werden lässt, bevor sie gegessen werden.*

5. *Entweder anstelle von oder zusammen mit Essig den Salat mit Zitronensaft anmachen, da das darin enthaltene Vitamin C in einem gewissen Umfang die Nitrate unschädlich macht. Dies ist vor allem bei etwas älteren Salaten oder solchen aus „gut gedüngten" Gärten wichtig.*

Sicher, Regeln soll man locker handhaben, und wenn wir einmal einen Salat essen, der schon einen halben Tag im Dressing schwimmt oder aus den gesammelten Restbeständen der letzten Woche zusammengemanscht wurde, ist das keine Katastrophe. Aber im Hinterkopf sollten wir unsere Regeln haben und vor allem hinsichtlich der Nitrataufnahme auch beachten.

Zwar ist sich die Wissenschaft wie immer uneins, wie gefährlich die tagtägliche Nitratzufuhr durch Trinkwasser, Wurst, Käse und schließlich auch Gemüse tatsächlich ist, aber eine gewisse Vorsicht kann nicht schaden. Außerdem hat das den Vorteil, dass uns das Essen besser schmeckt, weil wir kein mit Kunstdünger überdüngtes Gemüse, sondern ausschließlich Produkte von unseren Biogärtnern kaufen.

Nitrat ist eigentlich ein ganz natürlicher Pflanzennährstoff, der mit Hilfe der Sonne zu pflanzeneigenem Eiweiß umgebaut wird. Da der Einsatz von wasserlöslichen Mineraldüngern im Bioanbau verboten ist und die Pflanze sich so von dem ernähren muss, was das Bodenleben (also Kleinstlebewesen wie Bakterien und Algen, aber auch Regenwürmer) in mineralisierter Form bereitstellt, fallen die Nitratgehalte von biologisch angebautem Gemüse in vergleichenden Untersuchungen immer deutlich niedriger aus als bei solchen aus konventionellem Anbau.

Trotzdem können Nitrat sammelnde Gemüse wie Spinat, Mangold usw. auch im Bioanbau beachtliche Mengen davon enthalten, vor allem wenn zum Beispiel bei trüber Witterung und /oder auf einem Feld geerntet wurde, das durch eine vorherige Kultur mit Stickstoff sammelnden Leguminosen gut mit Nitrat versorgt ist.

Wissen sollte man auf alle Fälle, dass durch die Aufnahme von Vitamin C und E die Bildung von krebserregende Nitrosaminen aus dem Nitrat gehemmt wird und wir somit den besten Schutz wahrscheinlich durch den Verzehr von Obst und Gemüse erhalten, auch wenn wir dabei immer auch nicht unerhebliche Nitratmengen mit aufnehmen.

Also: viel Gemüse essen, an die fünf Salatregeln halten und die Nitratsammler unter den Gemüsen nicht mehr aufwärmen. Wenn wir jetzt noch die Nitratsammler nicht andauernd mit Ladungen von Schmelzkäse überkleben bzw. überbacken, sondern den Salat stattdessen nur mit Öl, Salz und ein paar Spritzern Zitronensaft würzen, dann schalten wir zwar noch nicht jedes Krankheitsrisiko aus, vermindern jedoch eine Reihe von Risikofaktoren beträchtlich.

WILDE, ZARTE TRIEBE

Der Spargel ist ein Gemüse, dem wir hier wenig Aufmerksamkeit schenken. Nicht weil wir ihn nicht mögen, sondern weil er edel und teuer ist. Wenn wir ihn uns erlauben, dann einfach und klassisch zubereitet, und nicht an Lachs, Rinderfilet, Morcheln oder Krebsschwänze angehängt, wie ihn die deutsche Spitzenküche heute so gerne präsentiert.

Junge Hopfentriebe sind im Gegensatz zum Spargel auch mit viel Geld nicht zu haben, weil sie in der Regel nicht angeboten werden. Sie schmecken zart, bitter, würzig und saftig, und mit ein bisschen Glück und botanischen Kenntnissen finden wir sie direkt vor der Haustüre. Hopfen wächst wild in Wäldern, an Gräben und Bachufern, oft auch unbeachtet in vielen Gärten, oder er windet sich heimlich an Laternenpfählen empor.

Natürlich gibt es ihn auch ganz regulär im Hopfengarten. In letzterem sollte man sich aber beim Ernten schon deshalb nicht erwischen lassen, weil der bedauernswerte Hopfen zu jenen Kulturpflanzen gehört, die am meisten chemischen Pflanzenschutz aushalten müssen. Sammeln können wir die Triebe jetzt im Frühjahr, falls wir beim Spaziergang ein Messer oder eine Schere dabei haben, und zubereitet werden sie wie Spargel. Aber Achtung: maximal drei Minuten in wenig leicht siedendem Wasser ziehen lassen.

Spargel mit Butter

1 kg Spargel, Butter, Salz, Zitrone

Spargel putzen und zusammen mit dem Abputz in wenig Wasser bissfest weich dünsten. Mit heißer Butter übergießen und salzen. Mit Zitronensaft beträufeln.

Dazu gibt's Butterkartoffeln mit Petersilie. Spargelsud für eine Suppe oder Soße verwenden.

Tipp: Feines, klein gewürfeltes Gemüse im Spargelsud dünsten.

Hopfentriebesalat

Hopfentriebe, Weißweinessig, Hanf- oder Sonnenblumenöl, Salz, Pfeffer, gehackte Petersilie

Hopfensprossen wie oben beschrieben bis zu 3 Minuten gar ziehen lassen. Mit den restlichen Zutaten und dem Kochwasser eine Marinade abschmecken. Petersilie darüber streuen.

Seit Jahrhunderten ernährt sich die bayrische Bevölkerung flüssig von Gerste und Hopfen. Grund genug, diese bewährte Kombination auch einmal im festen Aggregat zu versuchen. Falls es uns nicht schmeckt, können wir ja wieder zum Maßkrug greifen.

Gerste und Hopfen

ca. 300 g Rollgerste, 1 mittelgroße Zwiebel, 1 kleine Gelbe Rübe, Butter, 1 Glas Bier, 1/2 l Wasser oder Gemüsebrühe, Salz, Pfeffer, ca. 100 g Hopfentriebe (können auch mehr sein), Petersilie, 50 g geriebener gut gereifter Schnittkäse

Gerste waschen und ca. 1 Stunde einweichen. Zwiebel und Gelbe Rüben klein hacken und in 2 EL Butter bei schwacher Hitze unter Rühren rösten, bis die Zwiebelwürfel glasig sind.

Gerste dazugeben und mit dem Bier aufgießen. Gerste gar köcheln lassen, dazwischen immer wieder umrühren und heiße Flüssigkeit nachgießen.

Immer gut aufpassen, dass nichts anbrennt! Die Gerste soll ähnlich feucht wie ein guter Risotto sein, also so viel Wasser bzw. Brühe dazugeben, dass alle Körner gut befeuchtet sind, aber das Gericht nicht zu suppig wird.

Salzen und pfeffern. Hopfentriebe grob, Petersilie fein hacken und beides zusammen mit dem Käse und etwa 50 g Butter unter die Gerste mischen.

Wer statt Rollgerste eine Nacktgerste verwendet, muss die Einweichzeit auf mindestens 2 Stunden verlängern.

GERSTE UND GESCHICHTE

Die bei uns übliche Gerste wächst in einem für uns nicht zu verdauenden Spelz. Diese Haut wird mit Hilfe einer speziellen Mühlentechnik abgelöst. Diese bezeichnet man als „Rollen", daher der Name Rollgerste für die Gerstengraupen.

Mit dem Entfernen der Spelze geht natürlich auch viel von der äußeren Randschicht des Getreidekorns und vom Keimling verloren. Eine Alternative dazu ist die so genannte Nacktgerste, die ohne Spelz wächst und deshalb auch nicht gerollt werden muss. Da sie schwächer im Ertrag, und die Nachfrage nach reiner Speisegerste sehr begrenzt ist, steht sie nicht immer zu Verfügung. Trotz der Beeinträchtigung durch das Entspelzen bleibt die Gerste aber eines der Lebensmittel, die in der Entwicklung und für das Überleben der Menschheit schon immer eine unersetzliche Rolle gespielt hat.

Denn sie hat eine lange Geschichte. Die längste von allen Getreidesorten. Gerste gilt als die älteste Getreideart überhaupt und wurde im alten Ägypten schon vor 8000 Jahren angebaut; in vielen alten Kulturen galt sie als heilig, und sie schmeckt uns – wenn auch meist nur noch in flüssiger Form – auch heute noch. Sie stellt geringe Ansprüche an Boden und Klima und wächst in den Tropen genauso wie in Oberbayern. In der Regel wird sie heute zu Alkohol vergoren oder ans Vieh verfüttert. Und statt ausreichend Speisegetreide für alle Menschen gibt's Bier, Whiskeys, jede Menge Wurst und Fleisch für die, die sowieso schon alles haben.

Als Speisegetreide ist die Gerste bei uns im Lauf der Geschichte aus der Mode gekommen. Allerdings nicht ganz. Da sie in Höhen bis zu 4000 Meter wächst und die kürzeste Vegetationszeit von allen Getreidesorten hat, findet man traditionelle Gerstengerichte oft noch in den Regionalküchen bergiger Gegenden. Auf die Speisekarte Tiroler Berggaststätten verirrt sich neuerdings zwischen 25 verschiedenen Schnitzelsorten wieder eine Gerstlsuppe. Aus den dicken Wintersuppen des nördlichen Italiens sind die Graupen nie verschwunden, und hier gibt es auch hin und wieder einen „Orzo tiepedo", einen Gerstenrisotto ähnlich wie auf Seite 173. Hierzulande dauert es wohl noch, aber die Renaissance der Gerste ist nicht mehr aufzuhalten.

Schließlich werden wir Menschen immer vernünftiger. Jetzt steigen wir schon aus der Atomkraft aus und aus der Chemie in der Landwirtschaft. Unaufhaltsam nähern wir uns allmählich der idealen Gesellschaft. Zumindest hat es sich so der alte Platon ausgemalt. In seinem idealen Staat nämlich ernähren sich die Menschen im Wesentlichen von Gerste. Vor dem heutigen Hintergrund einer rapide wachsenden Weltbevölkerung ein verblüffend weitblickender Gedanke. Denn Gerste könnte im Überlebenskonzept der Menschheit tatsächlich eine entscheidende Rolle spielen. Sie wächst dort, wo die Getreide-Hochleistungssorten versagen, und sie versorgt uns – bis auf Vitamin C – mit nahezu allem, was wir brauchen. Ihre außerordentlichen Mengen an Kieselsäure, Kalzium, Kalium und Magnesium stärken unser Bindegewebe, die Wirbelsäule, die Sinnesorgane, quasi den ganzen Menschen mit Haut und Haaren.

KURZER AUSFLUG ZU FRAU HOLLE

Aus den Hecken und hinter den alten Stadeln wolkt jetzt wieder süßlich der Hollerbusch, und wer seine Nase hineinsteckt in eine der schneeweißen Dolden wird gleich ohnmächtig vor lauter „profumo".

Der Holunder oder Holler hat seinen Namen übrigens von der germanischen Göttin Holda, die im Hollerbusch lebte und von dort aus Haus und Hof beschützte. Uns ist sie noch in Gestalt der Frau Holle gewärtig, die wir aus dem Märchen kennen.

In einem Gemüsekochbuch ist der Holler zwar streng genommen ein Fremdkörper, aber aufgrund seiner Allgegenwart und seiner seit ewigen Zeiten hoch geschätzten Heilwirkungen sollen hier einige einfache Rezepte nicht unerwähnt bleiben. So lassen sich etwa aus den Blüten des Holunders exzellente und zugleich harntreibende Limos, Sekte und Liköre zubereiten.

Beliebt sind hierzulande auch die in Pfannkuchenteig getauchten und in Schmalz ausgebackenen Hollerdolden. Kräftig in Zucker getaucht ist das „Hollerküacherl" eine mächtige Angelegenheit. Bei häufigerem Genuss schlagen wir daher eher einen dünnen Weinteig vor und backen die Dolden in der Pfanne in Butter oder Öl aus. Ohne Zucker servieren wir die Hollerküacherl als Vorspeise, mit einer Spur Puderzucker als Nachspeise oder zum Kaffee. Wer aber ganz aus den bayrischen Traditionen ausbrechen will, bäckt die Hollerblüten im Pizzateig nach einem Rezept aus Kalabrien.

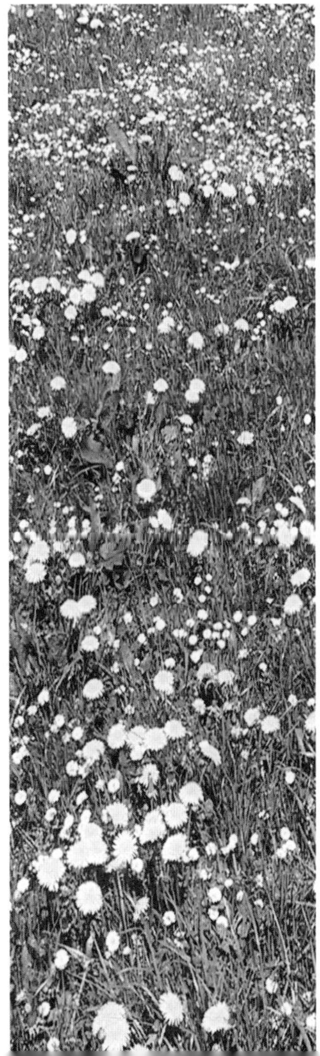

FOCACCIA AL SAMBUCO

20 g frische oder 10 g Trockenhefe, 2 EL Olivenöl, Salz, 250 ml lauwarmes Wasser, 500 g Weizenmehl (entweder fein ausgemahlenes Vollkornmehl oder Type 1050), mindestens 300 g Hollerblütendolden, schwarzer Pfeffer aus der Mühle

Die Hefe im Wasser auflösen. Öl und Salz einrühren. Mehl aufhäufen und eine Mulde eindrücken. Hefemischung einschütten, vermischen und alles zu einer elastischen, glatten Kugel verkneten.

Die Hollerdolden waschen, ausschütteln und auf einem saugfähigen Tuch oder Küchenpapier auslegen, damit sie einigermaßen trocknen.

Die Hollerblüten von den Stängeln zupfen und zusammen mit ein paar kräftigen Prisen Pfeffer in den Teig kneten.

Teig mindestens 1 Stunde an einem warmen Ort zugedeckt liegen lassen. Mit Öl einpinseln, damit er nicht austrocknet.

Teig nochmals durchkneten. In vier oder mehr Teile schneiden und zu Kugeln kneten. Die Teigkugeln von der Mitte her zu Fladen ausdrücken. Im auf 200 °C vorgeheizten Backofen etwa 10 Minuten backen.

Passt zu Weißwein oder noch heiß mit Butter zum Brunchen. Gut schmeckt auch ein hauchdünn geschnittener Schinken dazu.

Dazu gibt's noch ein Gläschen

HOLLERLIMO

Wasser, Blütendolden, Zitrone, Zucker (wenn unbedingt notwendig)

Einen Krug mit Wasser füllen und eine Hand voll gewaschene Hollerdolden dazugeben.

Zitronensaft und ein paar Zitronenscheiben rein. An einem kühlen Ort mindestens 1 Stunde stehen lassen. Nach Belieben Zucker zugeben. Vor dem Trinken abseihen.

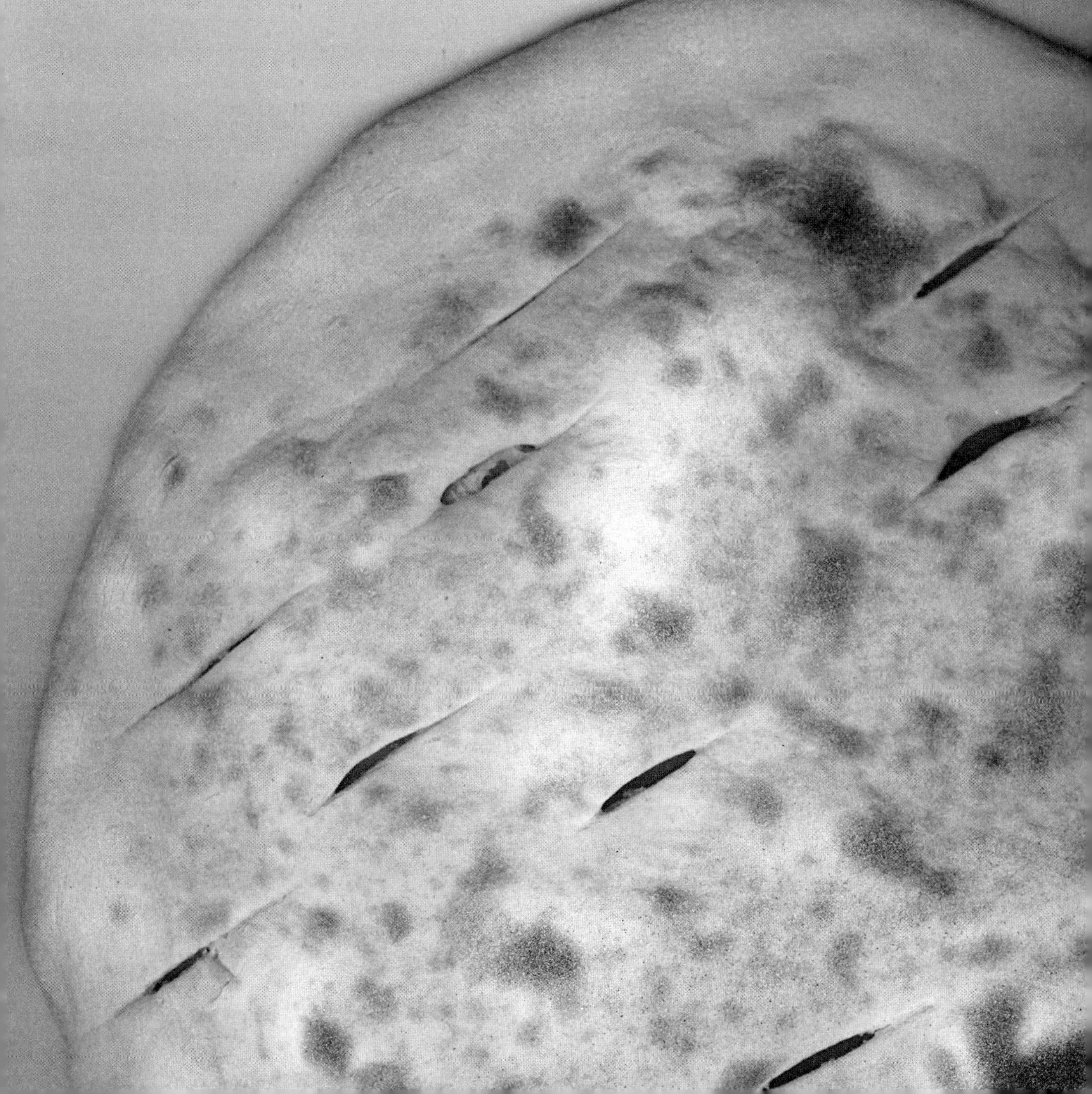

FENCHEL, DER DIGESTIF ZUR MUTTERMILCH

Schon im Altertum galt der wilde Fenchel als exzellentes Mittel gegen Husten, Erkältungskrankheiten und vor allem Blähungen.

Dieses Image ist ihm bis heute geblieben. Vor allem wenn frühkindliche Blähungen den Sprößling zwicken, rücken Mutti oder Papi unverzüglich mit dem Fencheltee an. Nach der Muttermilch dürfte deshalb der Fenchel das erste große Geschmackserlebnis bei vielen neuen Erdenbürgern sein. Und so verbinden viele Menschen den Fenchel mit Bauchweh und dem Geschmack von Hustenbonbons und nicht mit einem vielseitigen Gemüse, das unsere Küche sowohl als Salat als auch gedünstet oder gebraten mit seinem einzigartigen Aroma bereichert.

Fenchelsuppe mit Kopfsalat

ca. 2–3 vorwiegend fest kochende Kartoffeln, ca. 500 g Fenchelknollen, 1 Stangensellerie, Olivenöl, Salz und Pfeffer, 1 kleiner Kopfsalat, 1/2 Bund Liebstöckel

Kartoffeln würfeln, Fenchel in feine Scheiben und Stangensellerie in kleine Stücke scheiden. Alles in Öl anbraten.

Mit ca. 1 l Wasser aufgießen und so lange köcheln lassen, bis das Gemüse gar ist. Salzen und pfeffern.

Kopfsalat in Streifen schneiden und zusammen mit dem klein gehackten Liebstöckel zur Suppe geben.

Falls die Suppe als Hauptgericht serviert wird, geröstetes Vollkornbrot dazu reichen.

Fenchelsalat

**300 g Fenchelknollen, Saft von 1/2 Zitrone, 1 Zehe Knoblauch, 1 frische oder getrocknete und in Öl eingelegte Tomate, Salz und Pfeffer, ein paar Blätter Löwenzahn oder Romana,
2 EL grüne Oliven, Olivenöl**

Fenchel putzen und in feine Scheiben hobeln. Mit dem Saft von 1/2 Zitrone und der zerquetschten Knoblauchzehe mischen.

Getrocknete Tomate ganz klein hacken oder frische überbrühen, häuten, klein würfeln und mit dem Fenchel mischen. Salzen und pfeffern. Mindestens 1/2 Stunde ziehen lassen.

Salatblätter waschen, klein rupfen und zusammen mit den Oliven unter den Fenchel mischen; alles mit Olivenöl beträufeln.

Mit Schafskäse oder weißem Pressack reichen, oder solo zur Vorspeise.

Fenchel-Gratin

1 kg Fenchelknollen, Butter, 1 Glas Milch, 3 Tomaten (frisch oder aus dem Glas), 4–5 EL geriebener Parmesan oder anderer guter Hartkäse, Semmelbrösel, Salz und Pfeffer

Fenchel putzen, halbieren und in Halbringe schneiden. Fenchelgrün klein hacken und zur Seite stellen.

Fenchel in Butter anbraten, mit Milch ablöschen und so lange köcheln lassen, bis die Milch verdampft ist. Tomaten einschneiden, überbrühen, die Haut abziehen und vierteln. Fenchel und Tomaten in eine feuerfeste, gebutterte Form schichten.

Geriebenen Käse mit der gleichen Menge Semmelbrösel mischen und über dem Gemüse verteilen. Butterflöckchen darauf setzen.

Das Ganze etwa 20 Minuten im Rohr backen, bis eine schöne goldene Kruste entstanden ist. Mit klein gehacktem Fenchelgrün bestreuen. Schmeckt gut zu Reis oder Salzkartoffeln, aber auch als Vorspeise.

Fenchel mit Röstkartoffeln

400 g kalte gekochte Kartoffel, 500 g Fenchelknollen, Butter, Olivenöl, Salz, Pfeffer, Petersilie

Kartoffeln schälen und in Scheiben schneiden. Fenchel putzen, klein schneiden und in einer Butter-Öl-Mischung gut anbraten.

Kartoffeln dazugeben und unter Umschaufeln abrösten. Mit Salz und Pfeffer abschmecken und klein gehackte Petersilie dazumischen.

Passt zu Spiegeleiern, Würsten, Getreidebratlingen, Fleisch- und Fischgerichten.

Das Charakteristische am Fenchel ist der kräftige, anisartige Geruch und Geschmack, der durch einen sehr hohen Anteil (2 bis 3 %) eines ätherischen Öls verursacht wird. Seine Hauptbestandteile sind das Anetol, das süße Menthol und das kampferartige Fenchon, das den leicht bitteren Geschmack verursacht. Die Heilwirkung des Fenchels wird im Wesentlichen diesem Öl zugeschrieben; es regt die Durchblutung der Schleimhäute an, erleichtert so bei Erkältungskrankheiten die Atmung und fördert zugleich die Verdauung.

Fenchel mit gebratenem Tomatenreis

400 g Vollkornreis, Olivenöl, knapp 3/4 l Wasser, ca. 400 g geschälte und gehackte Tomaten mit Saft (frisch oder Konserve), Salz und Pfeffer, 600 g Fenchelknollen, Parmesan oder anderer Hartkäse

Reis in Öl unter Rühren anbraten. Mit Wasser auffüllen und so lange köcheln lassen, bis das Wasser dicksuppig eingedampft ist.

Jetzt die Tomaten mit Saft dazugeben, salzen und pfeffern, und alles weiterköcheln lassen, bis der Reis sämig und gar ist. Immer wieder umrühren!

Inzwischen Fenchel putzen, halbieren, in Halbringe schneiden und Fenchelgrün zur Seite legen.

Fenchel in Olivenöl in einer Reine bissfest weich braten, salzen und pfeffern. Reis zum Fenchel mischen, alles gut durchschaufeln und im Rohr so lange backen, bis der Reis trocken ist.

Zwischendrin durchschaufeln. Vor dem Servieren mit klein gehacktem Fenchelgrün bestreuen. Geriebenen Käse dazu reichen.

Mit in Butter oder Olivenöl gedünsteten Bohnen und/oder mit viel Salat als eigenständiges Gericht servieren. Gut schmeckt der Fenchelreis aber auch mit gebratenem Lamm oder Fisch.

Gebratener Fenchel

4 Fenchelknollen, Olivenöl, Zitronensaft, Weißwein, Salz und Pfeffer

Fenchelknollen putzen und als Ganzes oder halbiert in Olivenöl anbraten und mit Olivenöl und Zitronensaft beträufeln. Salzen und pfeffern.

Mit etwas Weißwein angießen und im Rohr gute 1/2 Stunde braten. Zwischendrin wenden und mit Schmorflüssigkeit begießen. Salzen und pfeffern. Passt zu Fleisch und Fisch.

Am besten brät man die Fenchelknollen als Beilage zu einem Schweine-, Kalbs- oder Lammbraten. Aber auch Fisch ist denkbar. Etwa eine halbe Stunde bevor der Braten fertig ist, den Fenchel dazugeben und hin und wieder begießen.

Ganz gut zu Fenchel passt ein mediterraner

FLEISCHGERICHT

Schweinebraten mit Fenchelsamen

je 3 oder 4 Zweige Salbei und Rosmarin, 3 Lorbeerblätter, 1 kg Schweinebraten, grob gemahlener Pfeffer, 2 EL Fenchelsamen, Olivenöl, Salz, 1 Glas Weißwein, 5-10 Knoblauchzehen, eventuell 1 Kartoffel

Salbei und Lorbeer fein wiegen, 2 Zweige Rosmarin entnadeln und die Nadeln zu den Kräutern geben.

Den Schweinebraten mit der Kräutermischung, mit Pfeffer und 1 EL Fenchelsamen einreiben. In Olivenöl von allen Seiten anbraten. Dabei immer erst auf die andere Seite drehen, wenn sich das Fleisch von selbst vom Topfboden löst.

Jetzt salzen, mit Weißwein löschen und den Braten mit Olivenöl einpinseln. Bei milder Hitze mindestens 1 1/2 bis 2 Stunden braten.

Nach ca. 1 Stunde die restlichen Rosmarinzweige, die Fenchelsamen und die Knoblauchzehen ungeschält dazugeben.

Zwischendrin immer wieder den Braten mit frischem Öl oder mit dem Sud einpinseln. Mit wenig Flüssigkeit braten; zwischendrin immer wieder Flüssigkeit kontrollieren.

Wenn – wie oben vorgeschlagen – Fenchelknollen dazukommen, am Schluss in den Fond die rohe Kartoffel reiben und diesen mit Wasser zu einer sämigen Soße aufgießen.

Fenchelknollen mit der Soße übergießen und mit je 1 Scheibe Fleisch servieren. Dazu gibt's frisches Weißbrot und die ungeschälten Knoblauchzehen zum Auslutschen oder Ausquetschen.

Man kann aber auch 20 Minuten vor Ende der Bratzeit eine Mischung aus geviertelten oder geachtelten Kartoffeln und Fenchelknollen mitbraten.

ROGGENSPÄTZLE MIT FENCHEL

600 g Fenchelknollen, Olivenöl, Salz und Pfeffer, Roggenspätzle (siehe unten), 250 g Cherrytomaten (oder 2-3 geviertelte Tomaten), ca. 30 g Butter, 4-6 Salbeiblätter, geriebener alter Bergkäse

Fenchelgrün abscheiden und zur Seite legen. Knollen und Stängel putzen, Fenchel in Spalten schneiden und in Olivenöl bissfest weich dünsten. Salzen, pfeffern und unter die fertigen Spätzle mischen.

Cherrytomaten halbieren und unterheben. Das Ganze im Rohr warm halten, bis die Tomaten durchwärmt und leicht angedünstet sind.

Inzwischen die Butter schmelzen, gehackte Salbeiblätter einstreuen und kurz aufschäumen lassen. Butter leicht salzen und pfeffern.

Das Gericht mit Käse bestreuen und die heiße Salbeibutter darüber träufeln. Mit Salat servieren.

GRUNDREZEPT

ROGGENSPÄTZLE

200 g Roggenmehl (Type 997 oder fein gemahlenes Vollkornmehl, oder gemischt), 2 Eier, 1/2 Tasse Wasser, Salz

Aus Mehl, Eiern, Wasser und Salz einen zähen Teig rühren. Mindestens 1 Stunde stehen lassen.

Teig nochmals durchschlagen. Wasser aufkochen und den Teig portionsweise durch den Spätzlehobel drücken. Sobald die Spätzle im Wasser hochsteigen, mit der Schaumkelle herausfischen und in einer Reine mit einem Stich Butter warm halten.

FRüHLIN

Frühlingsmenü mit alten Kartoffeln und frischen Erdbeeren

Immer schön aufräumen und immer alles wegessen, damit nichts schlecht wird. So verlangt's der ökologische Anstand. Und das ist gut so, denn auf diese Weise verbinden wir das Alte mit dem Neuen, erleben quasi kulinarische Grenzerfahrungen, ohne die kreativen Leistungen eines berühmten Chef de Cuisine in Anspruch nehmen zu müssen. Außerdem müssen die alten Kartoffeln sowieso weg, bevor die neuen kommen.
Überhaupt macht sich inzwischen der nahende Sommer immer mehr bemerkbar. Die Sommerkräuter in den Gärten und auf den Balkonen legen sich schon mächtig ins Zeug. Grün glänzend haben sich in den warmen Frühlingstagen der Rosmarin und der Lorbeerstrauch von der winterlichen Verbannung in Treppenhaus oder Keller erholt. Das erste Frühkraut ist schon auf dem Markt, und Fenchel gibt's auch wieder. Ah, und im Garten, da lauern bereits die ersten Erdbeeren.
Zeit für ein Treffen mit Freunden. Mit einem Essen voller Sinnesfreuden. Draußen im Freien, wie von Monet gemalt, auf weißen Leintüchern im Gras unter schattigen Bäumen…

Brot aromatico mit grünem Salat

2 Zweige Rosmarin, 2 Zweige Salbei, 6 Lorbeerblätter, 4 EL Semmelbrösel, Salz und Pfeffer, 4 Scheiben helles Brot (am besten Vollkorntoast), 1 Tasse Milch, Sonnenblumen- oder Olivenöl, 1 Kopf Salat, Zitrone

Rosmarinnadeln, Salbeiblätter und 3 Blätter Lorbeer mit dem Wiegemesser ganz fein hacken und mit den Semmelbröseln vermischen. Das Ganze leicht salzen und pfeffern.

Die Brotscheiben quer in 2 Dreiecke schneiden und in Milch einweichen. Ganz vorsichtig wieder ausdrücken und in der Bröselmischung wälzen.

Die Brotscheiben entweder mit wenig Öl in der Pfanne ausbacken oder – was auf alle Fälle besser ist – ohne Öl auf dem Grillrost oder auf Backpapier im Ofen so lange backen, bis sie fühlbar trocken sind. Die restlichen Lorbeerblätter zerbrechen, über den Brotscheiben verteilen und mitbacken.

Die aromatisierten Brotscheiben warm oder kalt zum grünen Salat reichen, der – wie beschrieben (siehe Seite 140) – am besten bei Tisch von jedem selbst angemacht wird.

Rosmarin, Salbei und Lorbeer sind die Grundlagen eines „tris aromatico", das wir noch häufiger für die Zubereitung unterschiedlichster Gerichte brauchen werden. Außer den dreien können natürlich auch noch andere kräftige Gewürze, wie Thymian oder Oregano, mitverwendet werden. Hier einfach experimentieren, um herauszubekommen, was einem am liebsten ist. Für die genannten Gewürze gilt, dass sie frisch am besten sind und wir sie deshalb zu Hause im Garten oder auf dem Balkon immer gut pflegen sollten.
Salbei kann im Beet wachsen und über Winter draußen bleiben. Lorbeer und Rosmarin gehören bei uns in den Topf und sind in der kalten Jahreszeit besser im Haus aufgehoben, an einem hellen, kühlen, aber frostfreien Platz. Zwischendurch gießen. Der Aufwand lohnt sich auf alle Fälle. Denn das Aroma von frischem Lorbeer und Rosmarin ist mit dem des getrockneten nicht zu vergleichen.

GSMENü
eine zwischenbilanz

Fenchel mit Honig

Fenchelknollen, Salz, Zitrone, Honig, schwarzer Pfeffer aus der Mühle

Rohe Fenchelknollen fein hobeln und mit der Gabel etwas zerdrücken. Leicht salzen.

Zitronensaft und etwas flüssigen Honig darüber träufeln. (Cremigen oder festen Honig im Wasserbad leicht erwärmen.)

Schwarzen Pfeffer darüber mahlen.

Frühkraut mit Kartoffelbuchteln al Profumo

1 kg alte, am besten mehlig kochende Kartoffeln, Kräutermischung aus Rosmarin, Salbei, Lorbeer oder anderen Kräutern nach Belieben, Salz, Pfeffer, Olivenöl, 1 Kopf frühes Weißkraut, Kümmel, Petersilie

Gekochte Kartoffeln (am besten am Vortag vorbereiten) zerdrücken oder durchpressen. Kräuter fein wiegen und zu den Kartoffeln geben. Das Püree salzen und pfeffern und 4 bis 5 EL Öl einarbeiten.

Eine Reine ausölen, aus dem Teig ca. 8 cm lange, nockenförmige Buchteln formen und nebeneinander in die Reine legen. Mit Öl einpinseln.

Im Backrohr so lange bei ca. 180 °C backen, bis die Buchteln außen richtig schön braun sind.

Inzwischen das Frühkraut vierteln, Strunk rausschneiden und (nicht zu fein) klein schneiden. In Olivenöl ca. 10 Minuten zusammen mit 1 TL Kümmel schmoren.

Salzen, pfeffern und gehackte Petersilie darüber streuen. Zusammen mit den Buchteln servieren.

Erdbeeren mit Zitronensaft und Pfefferminze

400 g Erdbeeren, 1 EL Rohrzucker, 4 Pfefferminzeblätter, Saft einer halben Zitronen

Geputzte Erdbeeren mit Zucker und Zitronensaft beträufeln. Pfefferminzblätter unterheben. 1/2 Stunde an einem kühlen Ort stehen lassen.

ALLROUNDER MANGOLD

Der Mangold führt ein Schattendasein am Rande der Gemüsegesellschaft. Früher nannte man ihn sogar Beißkohl, was fast so klingt, als müsste man sich vor ihm fürchten. Aber er beißt nicht; manchmal muss er jedoch kräftig gebissen werden, wenn man ihn nämlich roh verzehrt.

In diesem Zustand ist er wirklich nur ganz dünn aufgeschnitten und im Salat verteilt zu empfehlen.

Obwohl der Mangold wahrscheinlich seit Beginn der Menschheit zum Speiseplan gehört, wird er oft nur aus der Verlegenheit heraus als Ersatz für Spinat oder Broccoli gekocht. Damit ist jetzt aber Schluss, denn der Mangold ist in der Küche ein Allrounder für den Alltag mit einem bemerkenswerten Hang zum Außergewöhnlichen.

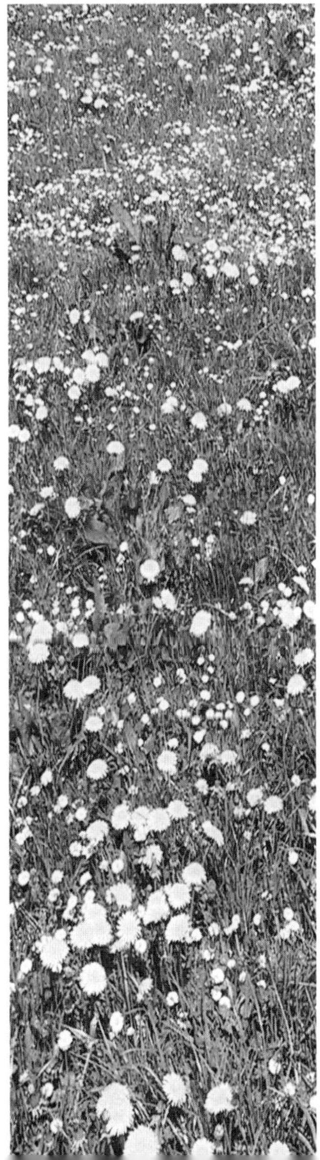

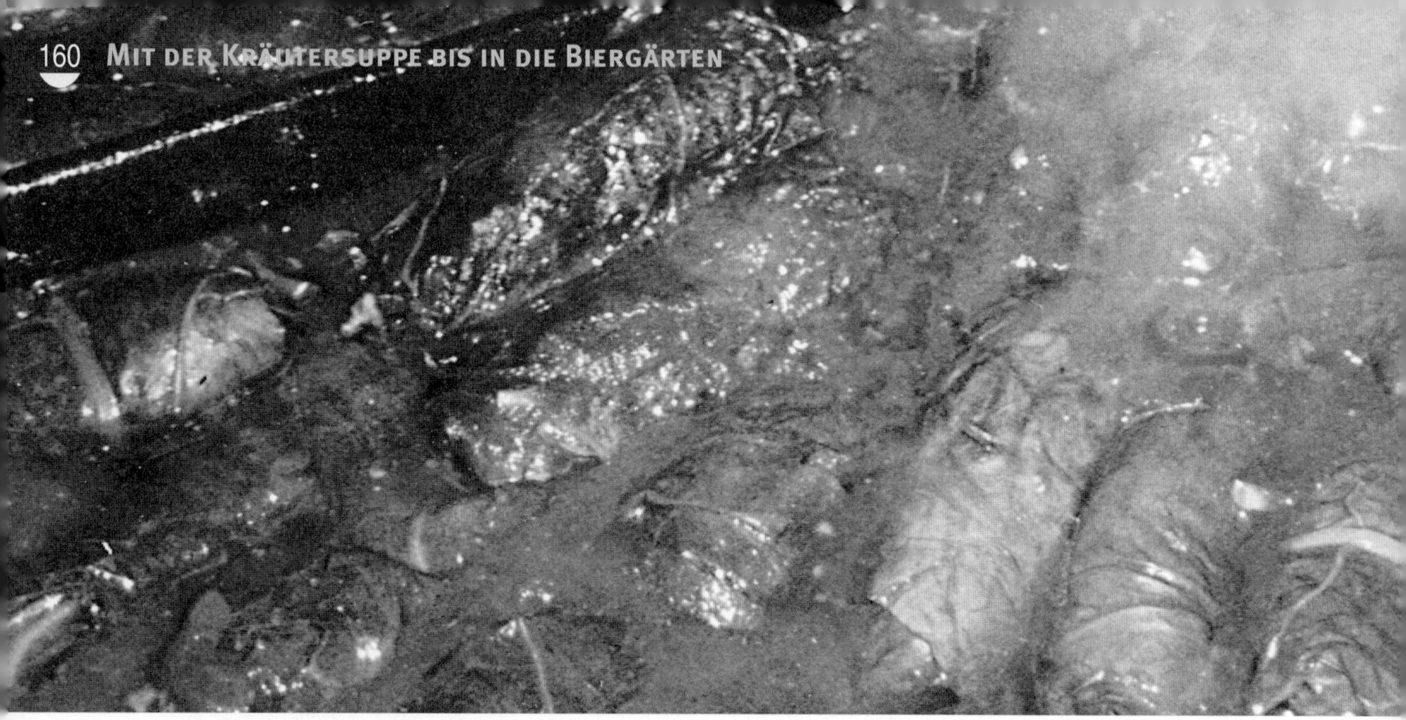

Gedünsteter Mangold

ca. 600 g Mangold, Olivenöl, 1–2 Knoblauchzehen, Salz

Mangoldblätter mit Stielen (nur zerkleinern, wenn sie zu groß sind) in ganz wenig Wasser weich dünsten.

Inzwischen 2 bis 3 EL Olivenöl mit dem zerquetschten Knoblauch und Salz auf einer gut vorgewärmten Platte verrühren. Mangoldblätter darauf anrichten und bei Tisch im Öl wenden. Zusammen mit Brot als Vorspeise oder Imbiss servieren.

Übrigens ähnelt der Mangold in seiner Nährstoffzusammensetzung dem Spinat, enthält aber weniger von der kalkzehrenden Oxalsäure. Allerdings ist auch er ein Nitratsammler. Also Finger weg von überdüngten, sehr mastigen Mangoldstauden; am besten nur Mangold aus Bioanbau verwenden!

Mangoldsuppe mit Tomaten und Basilikum

1 Zwiebel, 50 g Butter oder Olivenöl, 1 kg Mangold, 300 g Tomaten, Salz und Pfeffer, 1 l gute Gemüsebrühe, 1–2 EL gehacktes frisches Basilikum, 100 g Crème fraîche

Zwiebel fein hacken und in Butter oder Öl glasig dünsten.

Die in Streifen geschnittenen Mangoldblätter (Stängel erst beim nächsten Gericht – siehe nächste Seite – verwenden!) zugeben und so lange dünsten, bis sie zusammengefallen sind.

Tomaten überbrühen, häuten, würfeln und zur Suppe geben. Mit Salz und Pfeffer gut abschmecken und mit der Brühe aufgießen. Noch etwa 5 bis 10 Minuten leicht köcheln lassen. Basilikum einrühren.

In die gefüllten Suppenteller einen Löffel Crème fraîche (Sauerrahm geht auch) klacksen.

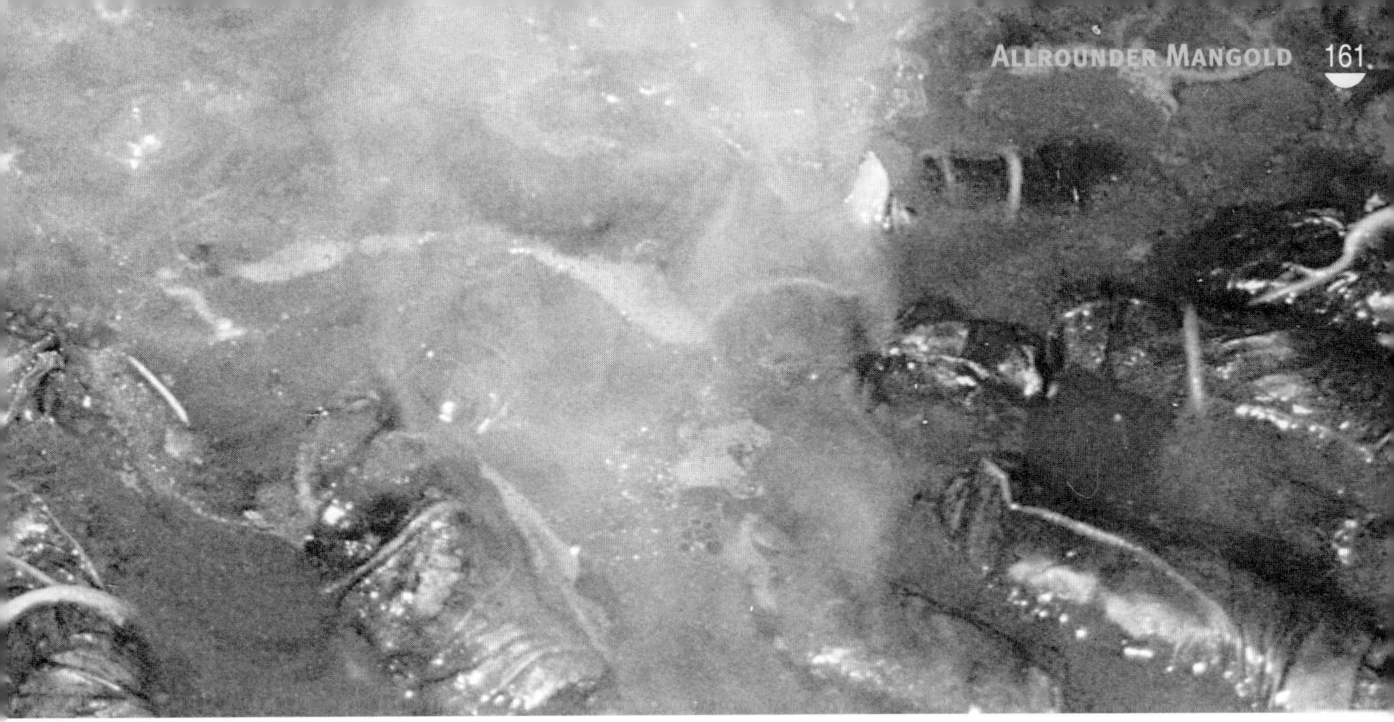

Lauwarme Mangoldstängel

1 kg Mangold, Olivenöl, Weinessig, Zitronensaft, Salz, 1/2 Knoblauchzehe, Petersilie, schwarzer Pfeffer aus der Mühle

Vom Mangold nur die Stiele verwenden und diese in fingerlange und knapp 1 cm breite Streifen schneiden.

In wenig Wasser (nur knapp bedeckt) bissfest weich kochen und mit dem noch heißen Kochwasser zusammen mit Olivenöl, Essig, ein paar Spritzern Zitronensaft, Salz und zerquetschtem Knoblauch als Salat anmachen. 1 Stunde ziehen lassen.

Mit ganz fein gehackter Petersilie und mit schwarzem Pfeffer aus der Mühle bestreuen.

Mangold-Omelette

1 kg Mangold, Butter oder Olivenöl, 2 Knoblauchzehen, 6 Eier, Rosmarin, Majoran oder Oregano nach Belieben, 30 g geriebener Parmesan oder alter Bergkäse, Salz, Pfeffer

Den Mangold putzen, klein schneiden und in Öl ca. 5 Minuten schmoren.

Den Knoblauch fein hacken. Die Eier gut mit dem Schneebesen verschlagen, damit viel Luft eingearbeitet wird, und mit dem Knoblauch, den Gewürzen und dem Käse mischen und zum Mangold geben. Salzen und Pfeffern.

Die Eier-Mangold-Mischung in eine Pfanne schütten, glatt streichen und bei milder Hitze in Öl goldbraun backen.

Mit Salat servieren.

Nicht weit ist es von einem Mangold-Omelette zu einem Mangoldkuchen. Zumindest theoretisch. Fehlt nur noch der Mürbeteig. Aber der ist schnell gemacht, keine Kunst und klappt immer.

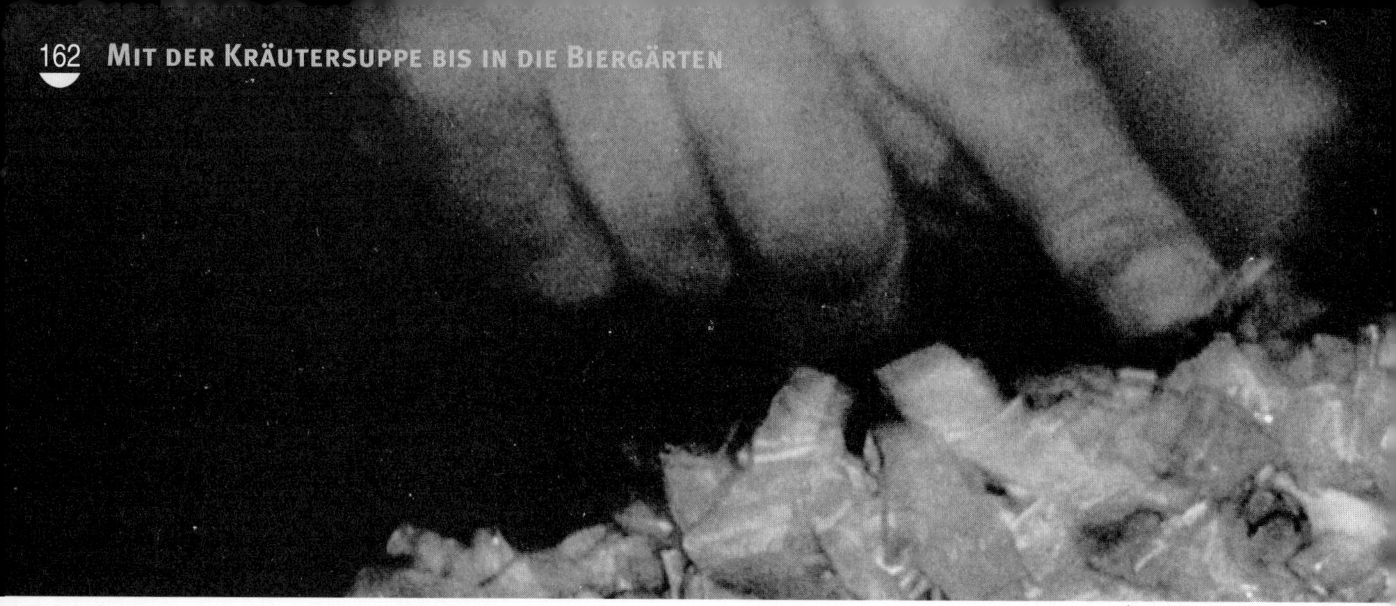

MANGOLD-TARTE

600 g Mangold, 200 g Fenchel, 200 g Gelbe Rüben, Butter oder Olivenöl, 3 Eier, 3 Knoblauchzehen, 200 g Quark, 120 g geriebener Hartkäse, Salz und Pfeffer, Mürbeteig (siehe Seite 81)

Mangold und Fenchel klein und Gelbe Rüben in Scheiben schneiden.

Gelbe Rüben in Butter anschmoren, dann Fenchel und Mangold und ganz wenig Wasser dazugeben. Unter Rühren bissfest dünsten.

Eier verschlagen, zunächst mit den restlichen Zutaten und dann mit dem Gemüse vermischen. Mit Salz und Pfeffer abschmecken. Diese Mischung auf dem vorgebackenen Teig verteilen und fertig backen.

MANGOLD-KARTOFFELPÜREE

Kartoffeln und Mangold (etwa im Verhältnis 1 : 2), Olivenöl oder anderes gutes Öl Salz, Pfeffer, Muskat

Kartoffeln kochen. Inzwischen den Mangold klein schneiden und in Öl weich dünsten.

Kartoffeln zerstampfen und mit dem Mangold mischen, salzen und pfeffern und mit Muskat abschmecken. Mit gutem Öl beträufeln.

Passt gut zu geschmortem gemischten Gemüse, wie Fenchel und Tomaten, oder zu Bohnen.

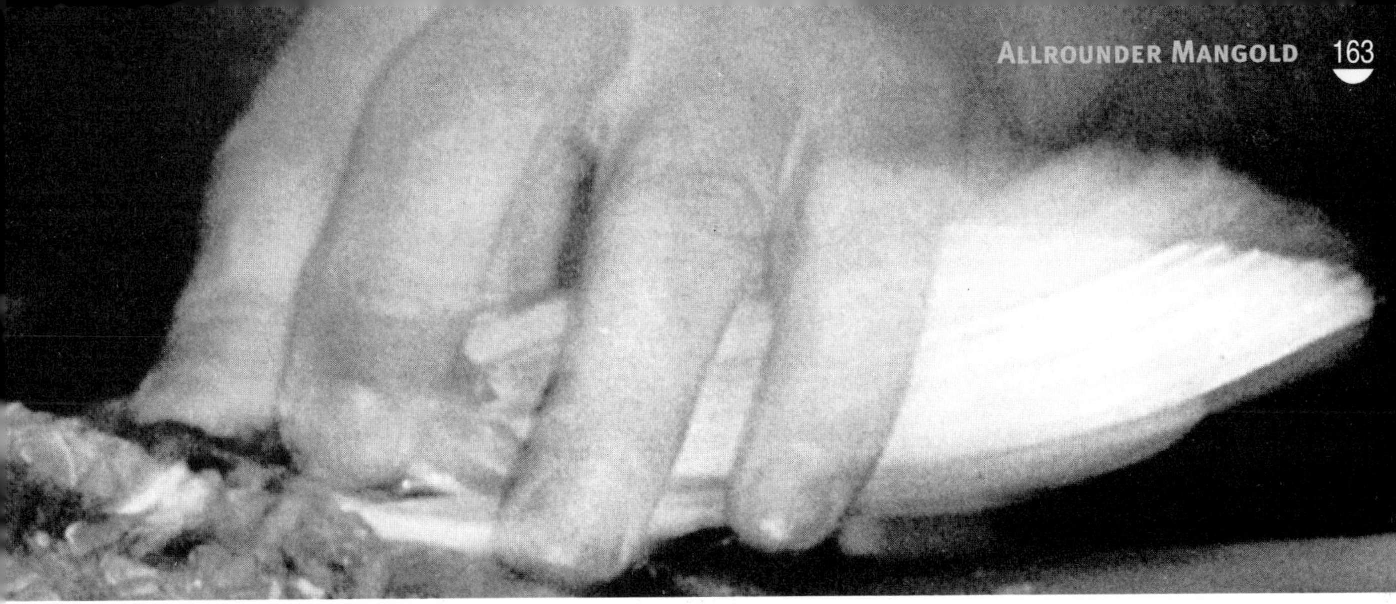

Man kann ein Mangold-Kartoffelpüree auch zu Fleisch servieren, etwa einem Gulasch oder einem

FLEISCHGERICHT

RAGOUT MIT ZWIEBELN, LORBEER, SALBEI UND ROSMARIN

ca. 600 g gewürfeltes Schweinefleisch, Olivenöl, 4 Lorbeerblätter, 2–3 Knoblauchzehen, 100 g gehackte Zwiebeln, 1/4 l Weißwein, Salz und Pfeffer, 2–3 Zweige Rosmarin, 200 g je nach Größe halbierte, geviertelte oder geachtelte Zwiebeln, 2 Zweige Salbei

Das Fleisch in einem Topf mit schwerem Boden in Olivenöl anbraten. Wichtig: Das Fleisch muss sich von selbst vom Topfboden lösen. Immer wieder durchschaufeln, bis die Würfel von allen Seiten schön angebräunt sind.

Während des Anbratens die Lorbeerblätter und die Hälfte des zerquetschten Knoblauchs hinzufügen. Dann die gehackten Zwiebeln hineingeben und alles so lange braten, bis sich am Topfboden eine braune Kruste zu bilden beginnt. Rasch den Weißwein aufgießen, umrühren, salzen und pfeffern.

Die Rosmarinzweige dazugeben, das Ganze durchschaufeln und bei leisestem Köcheln zugedeckt (!) schmoren lassen. Nach ca. 1/4 Stunde kommen die restlichen Zwiebeln dazu.

Das Ragout mindestens 1 Stunde leise köcheln lassen. Zwischendrin kontrollieren, ob noch ausreichend Flüssigkeit vorhanden ist, damit nichts anbrennt. Eventuell mit wenig Wasser aufgießen.

Salbei klein hacken. In einem kleinen Topf 3 bis 4 EL Olivenöl erhitzen und den Salbei darin ziehen lassen. Das Salbei-Öl vor dem Servieren unter das Ragout mischen.

Entweder mit Mangold-Kartoffelpüree oder Polenta servieren.

Schweinefleisch sollte man nicht vor dem Anbraten salzen. Sonst öffnen sich die Poren, Eiweiß kann austreten und verbrennen. Dabei entsteht das schädliche Purin, das von unserem Organismus in Harnsäure umgewandelt wird.

ZUCCHINI, UNREIFE SPÄTZÜNDER

Nicht mehr wegzudenken ist der Zucchino. Aus der südlichen Küche sowieso nicht, und aus der bayrischen inzwischen auch nicht mehr. Sogar ein Zucchini-Carpaccio servieren sie einem jetzt schon in den Landgaststätten.

Rasch hat der Zucchino von seiner Urheimat Mexiko aus die Küchen der Welt erobert. Nur hier bei uns in Süddeutschland war er ein Spätzünder in den Gärten und Küchen. In den heimatlichen Kochbüchern tauchen die Zucchini erst ab den 70er Jahren auf, und anfangs auch noch in einer Einbrenne aus Butterschmalz und Mehl, die mit Speck, Rahm und Fleischbrühe aufgewertet wurde.

Da die Zucchini zunächst mehr durch ihre Größe beeindruckten als durch ihren Geschmack, landeten in der Regel riesige Exemplare in der Küche. So kam es, dass durch Rezeptur und Gigantonomie sich hartnäckig die Meinung hielt, dass Zucchini eigentlich nach nichts schmecken.

Dabei weisen sie einen vorzüglichen Geschmack auf, und besonders wenn sie noch ganz jung und frisch sind kann man sie durchaus auch roh verzehren. In diesem Fall sollte man sie am besten verspeisen, bevor die Blüte abfällt. Als Faustregel gilt: je unreifer, desto besser. Sie schmecken dann cremig-nussig. Betagtere Zucchini haben ebenfalls einen cremigen Geschmack, aber halt nicht mehr ganz so ausgeprägt wie die jungen. Aber man kann trotzdem noch viel mit ihnen anfangen, da sie den Geschmack von Öl oder anderen Fetten gut aufnehmen und man sie mit fast allen anderen Gemüsen kombinieren kann.

Zucchini mit Zitrone und Sbrinz

kleine frische Zucchini, Zitronensaft, Salz, frische Minzeblätter, schwarzer Pfeffer aus der Mühle, Sbrinz (oder Parmesan oder alter Gouda), Olivenöl

Zucchini in dünne Scheiben schneiden und mit Zitronensaft beträufeln. Zudecken und an einem kühlen Ort am besten 1 Stunde beizen lassen.

Anschließend salzen, gehackte Minze unterheben und Pfeffer darüber mahlen. Sbrinz grob darüber raffeln.

Öl über das Ganze träufeln. Mit Brot als Vorspeise servieren.

Tipp: Kräuter variieren. Anstelle der Minze kann man auch Basilikum oder Petersilie verwenden.

Zucchini mit Johannisbeeren

4 kleine frische Zuchini, Saft von 1 Zitrone, ca. 50 g abgezupfte rote Johannisbeeren, Olivenöl, Salz, Pfeffer, ein paar Blätter Zitronenmelisse

Zucchini der Länge nach in ganz dünne breite Streifen hobeln (Gurkenhobel) oder schneiden. Mit Zitronensaft beträufeln. 1/2 Stunde ziehen lassen.

Die Johannisbeeren pürieren und mit Olivenöl, Zitronensaft, Salz und Pfeffer abschmecken.

Die Melisseblätter unter die Zucchini mischen und das Ganze auf Portionsteller verteilen. Pfeffer darüber mahlen.

Pro Teller 1 EL Johannisbeerpüree zum Eindippen dazugeben.

Zucchinisalat mit Fenchel

1 Fenchelknolle, 1 Zwiebel (oder 1/2 Bund Frühlingszwiebeln), 2 EL Weißwein, Olivenöl, Zitrone, Salz, Pfeffer aus der Mühle, 4 kleine frische Zucchini, 1 Gelbe Rübe, Petersilie

Fenchel und Zwiebel in feine Halbringe schneiden.

Marinade aus Wein, Öl, Zitrone, Salz und Pfeffer anrühren und über die Fenchel-Zwiebel-Mischung geben. Etwa 1/2 Stunde beizen lassen.

Zuchini in ca. 5 cm lange Stifte, Gelbe Rübe in feine Streifen schneiden; alles untermischen. Das Ganze mit gehackter Petersilie bestreuen.

Gut schmecken auch die wunderbaren gelben Zucchiniblüten. Man kann sie mit den verschiedensten Massen füllen, in der Pfanne ausbacken, kunstvoll auf den Tellern anrichten und den Gästen damit mächtig imponieren. Dabei ist überhaupt nix dabei, außer dass man einen dünnen Weinteig zusammenrührt und die gefüllten Blüten vor dem Ausbacken kurz in den Teig taucht. Dann kleben sie zu, und es fällt nichts mehr raus. Zum Füllen verwendet man am besten die männlichen Blüten, also die ohne Früchte, und schneidet sie mit so viel Stiel (ca. 10 bis 15 cm) ab, dass diese nicht über den Teller hängen. Zwar isst man die Stiele nicht mit, aber sie sind recht praktisch zum Wenden in der Pfanne und beim Essen.

GEFÜLLTE ZUCCHINIBLÜTEN

1 Ei, 20 g Mehl, 1/2 Tasse Weißwein, Salz, 8 Kürbis- oder Zucchiniblüten, Blütenfüllung, Butter oder Olivenöl

Einen dünnen Weinteig aus Ei, Mehl und Weißwein anrühen. Leicht salzen.

Zucchiniblüten vorsichtig auffalten und mit Wasser abspülen. Ausschütteln und füllen (Füllung siehe unten).

Blüten wieder schließen und dabei sanft zusammendrücken. Anschließend in den Weinteig wenden.

Butter in der Pfanne schmelzen und bei sanfter Hitze die Blüten in Olivenöl oder Butter ausbacken.

Für die Füllung verwendet man in der Regel, was man gerade übrig hat. Alles ist möglich bei folgender

FÜLLUNG

BLÜTENFÜLLUNG

ca. 80-100 g Semmelbrösel, ein paar Tropfen Olivenöl, ca. 50 g klein geschnittener Mozzarella oder anderer gut schmelzender Käserest, klein gehackte Kräuter wie Petersilie, Basilikum, Minze, eventuell Schinkenreste oder klein gehackte Sardellen, nach Belieben 1/2 verschlagenes Ei (eventuell vom Ei abzwicken, das für den Weinteig benötigt wird), Salz und Pfeffer

Alles miteinander vermengen und abschmecken

Gut zum Füllen eignet sich auch ein vom Vortag übrig gebliebener Kartoffelbrei, eventuell zusammen mit anderen Gemüsepürees (einfach Rest von gedünsteten Zucchini, Gelben Rüben, Broccoli o.ä. pürieren). Nur mit klein gehackten Kräutern, etwas fein geriebenem Parmesan, Salz und Pfeffer mischen und abschmecken. Ei ist nicht notwendig, gibt der Füllung aber mehr Zusammenhalt. Nach Möglichkeit nur wenig Ei verwenden und es wie oben empfohlen vom Weinteig wegnehmen.

FARFALLE MIT ZUCHINIBLÜTEN

400 g Farfalle oder Hörnchennudeln (oder kleine Muschelnudeln oder Ähnliches), Salz, 12 oder mehr Zuchiniblüten, ca. 300 g frische, ausgepulte Ackerbohnen oder frische, ausgepulte Markerbsen, 2 Knoblauchzehen, Pfeffer aus der Mühle, Olivenöl, ca. 40 g guter, frisch geriebener Parmesan, ca. 100 g Quark

Nudeln bissfest in Salzwasser weich kochen. Inzwischen die Blüten der Länge nach halbieren, mit Wasser ausspülen und ausschütteln. Dann in breite Streifen schneiden.

Ackerbohnen oder Erbsen in wenig Wasser weich dünsten und mit zerdrücktem Knoblauch, Salz, Pfeffer und Olivenöl anmachen. In wenig Kochwasser warm halten.

Olivenöl in einer großen Pfanne erhitzen, die Zucchiniblüten weich dünsten, salzen und Pfeffer darüber mahlen. Die heißen Nudeln unterheben.

Parmesan und Ackerbohnen (Erbsen) mit 2 bis 3 EL Kochwasser dazugeben und alles gut durchmischen. Endgültig mit Salz und Pfeffer abschmecken.

Pro Teller einen Klacks Quark darüber geben und Olivenöl über den Quark träufeln. Bei Tisch alles noch einmal durchmischen.

In fast jedem Kochbuch, das sich mit Zucchiniblüten beschäftigt, steht, dass man die „fleischige Narbe" herausbrechen und wegwerfen sollte. Warum, weiß ich nicht. Ich finde gerade diesen Stempel mit Narbe am besten. Vom Biss und vom Aussehen her erinnert er an einen kleinen Pfifferling. Bei älteren Blüten wird er zwar unansehnlich braun, aber ältere Blüten verwendet man sowieso nicht. Giftig kann er auch nicht sein. Nicht nur, weil ich sonst schon längst hinüber wäre, sondern auch, weil mir auch die Fachleute nichts Grausiges bestätigen konnten. Vielleicht mögen andere Kochbuchautoren einfach keine Stempel.

KÜRBIS-ODER ZUCHINIBLÜTEN MIT KIRSCHFÜLLUNG

8 Kürbis- oder Zucchiniblüten, Weinteig, Butter, Kirschfüllung

Wie auf Seite 167 beschrieben: Weinteig anrühren, Blüten füllen und in Butter ausbacken.

FÜLLUNG

KIRSCHFÜLLUNG

150 g süße Kirschen, ca.100 g Rahmquark, ca. 60-80 g Amaretti-Plätzchen, Rohrzucker

Kirschen entsteinen und in grobe Stücke schneiden. Plätzchen zerbröseln (am besten unter einem Tuch zerklopfen oder zerreiben).

Alles mischen und mit Rohrzucker abschmecken.

Anstelle von Kirschen kann man auch andere Früchte verwenden. Gut schmecken z. B. Heidelbeeren (dazu keine Amaretti verwenden).

GEBRATENE ZUCCHINI

800 g Zucchini, 2-3 Knoblauchzehen, Olivenöl, Salz und Pfeffer, Zitrone, 1 Bund Basilikum (oder Petersilie)

Zucchini in Scheiben schneiden und zusammen mit dem in Scheiben geschnittenen Knoblauch in Öl braten, bis sie leicht angebräunt sind. Salzen und pfeffern und mit Zitronensaft beträufeln.

Mit klein gezupftem Basilikum (bzw. Petersilie) bestreuen. Passt zu vegetarischen Gerichten, zu Fisch und Fleisch.

Gebratene Zucchini mit Penne

Zutaten wie Seite 169 für „Gebratene Zucchini", 400 g Penne, nach Belieben Pecorino oder Parmesan

Rezept für gebratene Zucchini wie oben. Basilikum nach Belieben durch reichlich Petersilie ersetzen oder beides verwenden.

Penne bissfest in Salzwasser weich kochen und mit den gebratenen Zucchini vermengen. Eventuell mit Olivenöl beträufeln. Käse dazu reichen.

Ergänzt man diese Pasta mit 1 bis 2 EL Kapern, die man am Schluss zu den Zucchini gibt und kurz mitbrät, und verwendet statt der Penne Spaghetti, erhält man ein Gericht mit dem komischen Namen „Finanziera" (Finanzbeamtin). Dabei nur Petersilie, kein Basilikum verwenden, dafür ordentlich viel. Nicht vergessen: Fein gehackte Petersilie erst am Schluss unter die heißen Nudeln mischen.

Gebackene Zucchini

1 mittelgroßer Zucchino, 1 Ei, Salz, 4 dünne Scheiben Mozzarella oder anderer halbfester Schnittkäse, 1 EL Pesto oder gut gewürzte Tomatensoße, Semmelbrösel, Butter oder Öl

Zucchino der Länge nach in ca. 0,4 cm dicke Scheiben schneiden. Die vier größten Scheiben ca. 4 Minuten in kochendem Wasser blanchieren. Den Rest anderweitig verwenden.

Ei verschlagen, salzen und pfeffern. Die Zucchinischeiben im Ei wenden, mit 1 Scheibe Käse belegen und einen Klacks Pesto oder Tomatensoße drauf.

Dann die Zucchinischeiben entweder einrollen oder zusammenklappen. Nur ganz leicht mit Semmelbröseln bestreuen. Eventuell mit einem Zahnstocher fixieren.

In der Pfanne mit Butter oder Öl beidseitig ausbacken oder frittieren. Als Vorspeise oder kleiner Imbiss geeignet.

Ein großer Vorteil der Zucchini besteht übrigens darin, dass kein vernünftiger Mensch auf die Idee kommt, sie zu schälen. Nur zur Zierde wird manchmal an der Schale herumgeschnippelt und ein Streifenmuster geschnitten, was man aber schleunigst einstellen sollte. Denn wie so oft sitzen die Schätze unter der Schale. Beachtlich ist vor allem der Gehalt an Vitamin C und Provitamin A. Zucchini sind – wie eigentlich alle Mitglieder der Kürbisfamilie – ein leichtes, bekömmliches und verdauungsförderndes Nahrungsmittel.

ZUCCHINI-PUFFER

ca. 800 g Zucchini, 1 Zwiebel, 2 Eier, 2 EL Weizenvollkornmehl, 1 Bund Dill, 1/2 Bund Petersilie, Öl, Salz und Pfeffer

Zucchini grob raspeln. Die Zwiebel fein reiben, Eier mit dem Mehl verschlagen, Dill und Petersilie fein hacken.

Alles zu den Zucchini geben, vermengen, flache Puffer daraus formen und diese in heißem Öl beidseitig ausbacken.

Hierzu passt türkischer Cacik oder griechisches Tsatziki.

CACIK

1 Gärtnergurke, 400 g Joghurt, 1/2 TL Kreuzkümmmel (oder 2-3 zerquetschte Knoblauchzehen), Olivenöl, 1 Bund Minze, Salz und Pfeffer

Gurke klein würfeln. Joghurt mit Kreuzkümmel, Salz und Pfeffer abschmecken. Alles vermischen. Olivenöl und fein gehackte Minze darüber geben.

Zucchini sollten nicht bei Temperaturen unter 7 °C aufbewahrt werden. In einem Raum mit hoher Luftfeuchtigkeit und Temperaturen bis 12 °C können sie zwei oder drei Wochen aushalten. Große, ausgereifte Zucchini besitzen eine gewisse Lagerfähigkeit. Wenn man Glück hat und sie richtig auf einem kühlen Steinboden lagert, dann können die im Herbst zuletzt geernteten größeren Zucchini manchmal sogar bis Weihnachten halten. Geschmack haben sie dann zwar nicht mehr viel, aber klein geschnitten in einem Gelbe-Rüben-Gemüse machen sie sich farblich ganz gut, und wenn man noch ordentlich Knoblauch dazugibt, dann schmecken sie auch.

Grüne Pizza

ca. 500 g Zucchini, 2 Fenchelknollen, 1–2 grüne Paprika, Olivenöl, 2–3 Knoblauchzehen, ca. 100 g Emmentaler oder Bergkäse, Salz, Pfeffer, Pizzateig (siehe unten), 1 Zwiebel, 2–3 Zweige Rosmarin

Zucchini und Fenchel grob raffeln, Paprika in dünne Streifen schneiden.

Erst den Paprika in Öl anbraten, dann das restliche Gemüse dazugeben und alles zusammen mit dem feinblättrig geschnittenen Knoblauch so lange dünsten, bis der ausgetretene Saft wieder verkocht ist.

Abkühlen lassen, mit dem Käse vermischen und salzen und pfeffern.

Pizzateig zu Fladen ausdrücken und mit der Gemüsemischung bestreichen. Zwiebel in ganz feine Ringe schneiden und über den Fladen verteilen.

Die Pizza mit Rosmarinnadeln bestreuen und mit Olivenöl beträufeln und backen.

GRUNDREZEPT

Pizzateig

400 g fein gemahlener Weizen oder 400 g Weizenmehl Type 1050, 100 g Roggenmehl Type 997, 1/4 l lauwarmes Wasser, 20 g frische Hefe oder 10 g Trockenhefe, 2 EL Olivenöl, Salz

Weizenmehl und Roggenmehl mischen. Die Hefe im Wasser auflösen. Öl und Salz in das Wasser einrühren.

Mehl aufhäufeln und eine Mulde eindrücken. Hefemischung einschütten und alles vermischen und verkneten, bis eine elastische Kugel entstanden ist.

Teig mindestens 1 Stunde (besser sind ein paar Stunden) an einem warmen Ort zugedeckt ruhen lassen. Vorher mit Öl einpinseln, damit er nicht austrocknet.

Teig nochmals durchkneten. In vier Teile schneiden, zu Kugeln kneten und diese zu Fladen ausdrücken. Im auf mindestens 200 °C vorgeheizten Backofen etwa 20 Minuten backen.

Orzo italiano (Rollgerste mit Zucchini)

300 g Rollgerste (bzw. Gerstengraupen), 1 Zwiebel, Olivenöl, 1 Glas Weißwein, Salz, 1 Zitrone, 600–800 g Zucchini, 1 größere Gelbe Rübe, 1–2 Zehen Knoblauch, Pfeffer, ein paar Blätter Minze (alternativ: frischer Majoran oder Petersilie), ca. 30 g geriebener Hartkäse wie Pecorino oder alter Bergkäse

Gerste mindestens 1 Stunde in Wasser einweichen. Zwiebel hacken und in Olivenöl glasig dünsten. Gerste dazugeben und unter Rühren anschwitzen. Mit dem Wein (man kann auch Bier, Brühe oder Wasser verwenden) ablöschen und diesen einköcheln lassen.

Wie bei einem Risotto immer so viel heißes Wasser aufgießen, dass die Gerste schön feucht bleibt und nicht anbrennt. Immer wieder umrühren, bis die Körner nur noch einen leichten Biss haben. Salzen.

Inzwischen die Zitrone mit dem Gurkenschäler abschälen. Die Schalenstreifen in Olivenöl dünsten und wieder herausfischen. (Besser ist es, sie später aus dem fertigen Gericht herauszuholen, wenn man sie wieder findet. Wer gerne auf geschmorte Zitronenschale beißt, kann sie auch drin lassen.)

Die Zucchini und die Gelbe Rübe grob raffeln und in dem aromatisierten Olivenöl dünsten.

Knoblauch mit einer Prise Salz zerquetschen und unter das Gemüse rühren. Salzen und pfeffern.

Das Gemüse unter die Gerste mischen und noch etwa 5 Minuten unter Rühren fertig dünsten.

Die gehackte Minze dazugeben und den Käse einrühren. Eventuell nachsalzen, pfeffern und mit ein paar Spritzern Zitronensaft abschmecken. Mit Salat servieren.

Falls der Gerstenrisotto nicht aufgegessen wird, gibt's am Tag darauf

Gefüllte Zucchini mit Gerste

größere Zucchini, Rest vom Gerstenrisotto, getrocknetes Basilikum, Salz und Pfeffer, Mozzarella oder ähnlicher weißer, halbfester Schnittkäse, Olivenöl, gehackte Tomaten oder Rest von einer Tomatensoße,

Zucchini der Länge nach halbieren und ausschaben. Inneres beiseite legen.

Den übrig gebliebenen Gerstenrisotto mit klein gewürfeltem Mozzarella bzw. Schnittkäse (ca. 10 g auf 100 g Gerstenrisotto) und Basilikum mischen. Mit Salz und Pfeffer abschmecken.

Die Zucchini füllen und mit fein geschnittenen Scheiben Mozzarella abdecken.

In einem Topf Olivenöl erhitzen und klein gehacktes Zucchini-Inneres anschmoren. Tomaten (oder Tomatensoße) dazugeben und die gefüllten Zucchini hineinsetzen.

Deckel drauf und bei milder Hitze ca. 20 Minuten garen. Flüssigkeit kontrollieren, eventuell ein wenig Wasser nachgießen.

ABSCHIED FRÜHLING

Den Frühling verabschieden wir mit einem Sommermenü. Denn pünktlich zur Sonnenwende leuchten die ersten Tomaten rot von den Sträuchern, und die Kürbis- und Zucchinibeete präsentieren sich als ein unentwirrbares Geschling und Geranke mit einer Fülle gelb strahlender Blüten.

Ein Menü mit deutlich mediterranen Akzenten bereiten wir uns, um sicherheitshalber mit Geschmack und Gerüchen ein bisschen südländische Stimmung in die Abende zu zaubern, falls die Temperaturen uns im Stich lassen sollten. Ein letztes großes Menü bevor der Sommer kommt. Denn dann isst man in der Regel nur noch Rohkost und trainiert seinen Body, um an der Uferpromenade heimischer Baggerweiher nicht durch ausladende Rettungsringe mit der Wasserwacht verwechselt zu werden. Wenig Zeit zum Kochen, denn jetzt geht's ab in die Hallendiscos und zu den Open Airs auf den Wiesen der Biobauern! Adieu, du schöner Lenz, bis zum nächstem Mal!

Zucchinisuppe

400 g Zucchini, 1 Fenchelknolle, 100 g Mangoldblätter, Olivenöl, 1 Knoblauchzehe, Salz, Pfeffer, 2 Eier, 4 EL geriebener Bergkäse oder Emmentaler, 1/2 Bund Petersilie, 1/2 Bund Basilikum, 1 l Wasser

Zucchini und Fenchel klein würfeln, Mangold klein schneiden.

Olivenöl erhitzen und das Gemüse zusammen mit dem zerquetschtem Knoblauch ca. 2 bis 3 Minuten unter Rühren anbraten. Mit Wasser aufgießen, salzen und pfeffern. Dann ca. 15 Minuten leicht köcheln lassen.

Inzwischen die Eier verschlagen und mit dem fein geriebenen Käse mischen. Die Kräuter fein wiegen. Kräuter und Käse-Eier-Mischung kurz vor dem Servieren in die köchelnde Suppe gießen.

VOM ein sommermenü

Gefüllte Tomate

4 durchschnittlich große, gut gereifte Tomaten, Salz und Pfeffer, 4 EL Gerstengraupen, 1/2 Bund Basilikum, 20 g geriebener Parmesan und/oder anderer alter Hartkäse, Olivenöl, 1 Glas Weißwein, 4 dünne Scheiben Mozzarella oder anderer halbfester Schnittkäse

Von den Tomaten die Deckel abschneiden und sie mit einem Kaffeelöffel aushöhlen. Für die Füllung das Tomaten-Innere mit dem Mixer pürieren, gut salzen und pfeffern und die Gerstengraupen, klein gehacktes Basilikum und Parmesan untermischen.

Das ganze knapp 1 Stunde stehen lassen. Anschließend 4 EL Olivenöl in die Mischung rühren.

Olivenöl in einem kleinen, verschließbaren Topf erhitzen. Die ausgehöhlten Tomaten hineinsetzen und füllen. Mit 1/2 Glas Weißwein aufgießen. Deckel auf den Topf und alles so lange bei milder Hitze köcheln lassen, bis die Gerste gar ist (dauert ca. eine 3/4 Stunde).

Zwischendrin die Flüssigkeit kontrollieren und Wein nachgießen. Jetzt die dünn geschnittenen Käsescheiben über die Tomaten legen. Deckel wieder auf den Topf und den Käse kurz schmelzen lassen.

Als Vorspeise servieren. Gut passen dazu „Lauwarme Mangoldstängel" (siehe Seite 161).

Blattsalat mit Tomatenmarinade

2 Tomaten, Salz, Pfeffer, Weißweinessig, Zitrone, Oliven- oder Sonnenblumenöl, 1 Kopf Romana, Batavia oder Kopfsalat

Tomaten überbrühen, schälen und klein würfeln. Salzen, pfeffern und mit Weißweinessig, Zitronensaft und Öl zu einer Marinade abschmecken.

Salatkopf kurz waschen, zerzupfen und trocken schütteln; dann auf Portionsteller verteilen.

Vor dem Essen mischt sich jeder die Marinade selbst unter den Salat.

EIN SOMM

MANGOLD-ROULADEN

8 große (oder 12 mittlere) Mangoldblätter, Salz, 60 g Vollkorn-Semmelbrösel, 40 g klein gewürfelte trockene Semmeln (oder Ciabatta), 40 g gehackte schwarze Oliven, Olivenöl, 2 Knoblauchzehen, 2 Eier, 25 g gewürfelter Käse (gut passt leicht geräucherter Käse), 50 g geriebener Käse, 1/2 TL getrocknetes Basilikum, Pfeffer, 400 g gehackte Tomaten; eventuell Zahnstocher zum Fixieren

Mangold putzen, mitsamt den Stielen in wenig leicht gesalzenem, kochendem Wasser kurz (etwa 1 bis 2 Minuten) blanchieren, so dass die Blätter weich werden. Topf nicht zudecken. Abtropfen und auskühlen lassen.

Semmelbrösel, gewürfelte Semmeln und klein gehackte Oliven in Olivenöl unter ständigem Rühren anrösten. 1 Knoblauchzehe fein schneiden und kurz mitrösten. Masse auskühlen lassen.

Die Eier, den gewürfelten und den geriebenen Käse sowie das Basilikum dazugeben, alles gut durchmischen und zu einer Art Knödelteig zusammenkneten. Mit Pfeffer und eventuell Salz abschmecken, so dass die Masse gut gewürzt ist, und etwa 15 Minuten ruhen lassen.

Die Stiele und den kräftigen Teil der mittleren Blattrippe von den Mangoldblättern entfernen und separat verwenden. Die Blätter ausbreiten, aus der Masse längliche „Knödel" formen und diese in die Mangoldblätter rollen. Wer will, kann sie mit Zahnstochern zustecken. (Sie halten auch so, wenn man sie mit der offenen Seite nach unten in die Form legt, nicht mehr umdreht und dafür fleißig begießt.)

Die gehackten Tomaten in eine Pfanne geben, salzen, 1 klein geschnittene Knoblauchzehe und ca. 1 EL Olivenöl dazu.

Die Mangoldrouladen in das Tomatenbett legen und ca. 20 Minuten auf kleiner Flamme köcheln lassen. Dabei gelegentlich die Rouladen mit einem Löffel Tomatensoße begießen, damit sie nicht austrocknen. Pfanne nicht zudecken.

Mit Polenta oder mit einem Mangold-Kartoffelpüree servieren, in das man einen Teil der klein geschnittenen Mangoldstiele und der restlichen Blätter geben kann, falls man auf die Mangoldstängel zu den gefüllten Tomaten verzichtet.

ERMENü

RHABARBERQUARK MIT KRÜMELKROKANT

1/2 kg Rhabarber, ca. 50 g Mascobado-Vollrohrzucker, 250 g Sahnequark, 1 Scheibe Vollkornbrot, 1 EL Honig, 1 EL Butter, Minze- oder Zitronenmelisseblätter

Rhabarber in ca. 3 cm lange Stücke schneiden und in ein wenig kaltem Wasser aufsetzen. Nur einmal aufkochen lassen, vom Herd nehmen und den Rhabarber ca. 10 Minuten ziehen lassen.

Den lauwarmen Rhabarber erst mit dem Zucker vermischen und anschließend mit dem Quark.

Vollkornbrot zerkrümeln. Honig in der Pfanne erhitzen. Butter dazugeben und sobald sie flüssig ist die Krümel einstreuen. Das Ganze abkühlen lassen und – falls die Krümel zu sehr zusammengeklumpt sind – mit dem Nudelholz überrollen.

Quark in Schüsseln anrichten, Krümelkrokant darüber streuen und mit Minze- oder Melisseblättern dekorieren

Ab in den Urlaub

Jetzt ist der Sommer da und für viele geht's ab in den Urlaub. Hoffentlich nicht zu lange. Unsere Gärtner, die uns das Jahr über brav mit Vitaminen versorgen, schöpfen endlich aus dem Vollen, und mit dem Ernten kommen sie gar nicht mehr nach. Statt in Geld schwimmen sie jetzt in Tomaten, Gurken, Zucchini und weiß Gott noch was. Es ist ein Jammer. Jedes Jahr das Gleiche: Jetzt, wo es endlich so richtig losgeht mit dem Gemüse, sind alle auf Mallorca. Oder in Südtirol.

Speck hin, Speck her: kulinarische Urlaubserlebnisse aus Südtirol

Hoch droben, rundherum Berge, strahlende Sonne und die Luft duftet nach Heu. Dazu ein Viertel Roter, plombenbrechendes Schüttelbrot, Knödel und Speck. Das ist Südtirol! Aber erst muss man mal hinkommen...

Der Brenner war voller Baustellen und Lastwagen. Im Auspuffdampf riesiger Transporter aus Belgien und Holland krochen wir dahin. Wo die nur alle hinfahren? Endlich die Ausfahrt hinter zum Schlern. Und da wurde es interessant. Da kommt man nämlich an einem der größten Unternehmen für ein regionaltypisches Fleischprodukt vorbei, dem Hersteller eines „Original Tyroler Bauernspecks". Wer glaubt, hier würden tatsächlich geselchte Tiroler verpackt, der sollte mal um das Betriebsgelände herumgehen. Fein säuberlich aufgereiht parkten sie nebeneinander, unsere Sattelschlepper von der Autobahn mit den Kennzeichen aus den Beneluxstaaten und Norddeutschland. Randvoll mit Schweinehälften. Aus holländisch mach tirolerisch – oder aus bayrisch griechisch, wie's beliebt.

Aber den meisten ist das eh bekannt: Vieh, geschlachtet oder lebend, geistert durch die ganze Welt, Milch strömt von einer Ecke Europas zur anderen und kommt in Packerln wieder zurück. Der Parmesan oder griechische Fetakäse bayerischer Molkereien wird in den entsprechenden Ländern nur noch umgepackt, um in hiesigen Ladentheken wieder als „Originalprodukt" zu landen. Und sogar Tiroler Speckknödel mit Original Tyroler Speck gibt's eingeschweißt im Doppelpack mit Sauerkraut. Dieser ganze Schwindel ist erlaubt, wird mit unseren Steuergeldern subventioniert und von uns Verbrauchern mit hoher Nachfrage sogar noch honoriert.

Allerdings wächst auch die Skepsis gegenüber der unheimlichen Welt globaler Märkte und Produktion. Viele entdecken jetzt wieder die Region als zuverlässigen Lieferanten sicherer Lebensmittel: Denn die Nähe zum und der direkte Kontakt mit dem Erzeuger, dem Lebensmittelverarbeiter und dem Händler gewähren uns am ehesten Sicherheit vor den unerwünschten Nebenwirkungen der Hormone in den Futtermitteln, vor BSE-Fleisch und der gentechnisch veränderten Tomate, die selbst in verfaultem Zustand noch so tut, als wäre sie topfrisch. Die regionale Herstellung ist noch eher zu durchschauen. Auch sichert sie Einkommen und Arbeitsplätze vor unserer Haustür, ist ökologisch sinnvoll und hilft endlich, den Brenner zu entlasten, wenn das Schwarzgeräucherte aus den Rauchfängen regionaler Metzger und nicht aus einer Fabrik kommt, die zufällig in Südtirol steht und wahrscheinlich längst irgendeinem global agierenden Konzern gehört.

Nur zeigt gerade dieses Speckbeispiel, dass nicht alles regional ist, was regional verpackt daherkommt, und dass wir gut aufpassen sollten, wo mit der Regionalität nur Augenwischerei und raffiniertes Marketing für global zusammengestopselte Produkte betrieben wird. Schließlich gehen über die Ladentheken regionaler Handwerker und Lebensmittelhändler auch das Fleisch aus der industriellen Tiermast, die Eier aus der Legefabrik und das Gemüse und Obst aus der Intensivproduktion. Nicht alles, was regional hergestellt wird, ist auch ein ökologisch sinnvolles Produkt. Brot vom Getreide einheimischer Bauern! Wurst und Fleisch aus den Ställen unserer Bauern! Die Bauern können noch so einheimisch sein und trotzdem einen Weizen dreschen, der im Grunde ein global erzeugtes Lebensmittel ist: Das Saatgut kommt von einem internationalen Konzern, der Kunstdünger und die Pflanzenschutzmittel von BASF oder einem anderen Chemieunternehmen, der Diesel sowieso aus den arabischen Emiraten, und die Arbeitskräfte nicht vom örtlichen Arbeitsamt, weil die Bauern dank ihrer 150-PS-Trucks und hochmodernen Mähdrescher keine mehr brauchen. Nur die Fläche und der Bauer selbst sind regional und einheimisch. Sie allein sind aber noch kein regionaler Wirtschaftskreislauf, und das Brot ist höchstens ein regional gebackenes, aber kein regional erzeugtes.

Die Forderung nach Regionalität macht nur einen Sinn, wenn tatsächlich kleinräumige Wirtschaftskreisläufe geschlossen und dadurch Umweltbelastungen minimiert werden, und wenn eine regionale Eigenständigkeit (zum Beispiel durch die Schaffung von Arbeitsplätzen vor Ort) entwickelt wird.

Nehmen wir zum Beispiel die Düngung. Sie ist eine der wichtigsten Komponenten bei der pflanzlichen Erzeugung. Während der so genannte Kunstdünger ein Industrieprodukt ist, der das örtliche Gleichgewicht des Wasser- und Bodenhaushalts zugunsten der Ertragssteigerung überlastet, wird bei der Verwendung von hofeigenem Dünger – bei gleichzeitiger Begrenzung des Tierbestands nach vorhandener Futterfläche – das natürliche Gleichgewicht aufrechterhalten. Die Herstellung dieser natürlichen Kreislaufwirtschaft ist eine der wichtigsten Richtlinien des ökologischen Landbaus. Umgekehrt bedeutet dies: Nur eine konsequente ökologische Produktion kann regionale Wirtschaftskreisläufe schaffen.

„Aus der Region für die Region" ist ein schöner und richtiger Spruch, der aber dennoch leicht verändert werden sollte: „Aus den Regionen für die Regionen". Denn selbst wenn wir von regionalen Wirtschaftskreisläufen sprechen, stellen wir uns dabei keine Modelleisenbahn vor, deren Güterzüge durch Tunnels, Berge und Täler immer nur im Kreis herumfahren.

Die kulturelle Bedeutung des Austausches, der internationalen Begegnung und des Handels ist für das humane Weltbild der ökologischen Bewegung viel zu wichtig, um unter die Räder eines engstirnigen Ökoprotektionismus oder gar einer ökologisch begründeten Deutschtümelei zu kommen. Und wie uns der vorherige Vergleich von Industriedünger mit hofeigenem Dünger zeigt, findet die entscheidende Energie- und Rohstoffeinsparung ja auch nicht auf dem letzten Handelsweg zum Verbraucher statt, sondern durch die ökologische Produktion in den regionalen Kreisläufen. Dennoch ist jeder unsinnige Transportkilometer zu viel, und unser Ziel sollte eindeutig sein, dass alles, was in einer Region ökologisch produziert wird, im Wesentlichen auch den Bedarf der Region decken sollte.

Aber der lebensfrohe und weltoffene Mensch lebt nicht vom Brot allein. Der Wein, die Orangen, die Nudeln aus Italien, der Tee aus Griechenland bereichern unseren Alltag genauso wie der Kontakt und die internationale Zusammenarbeit mit den Biobauern, Kooperativen und kritischen Verbrauchern, die alle rund um die Welt an ein und demselben globalen ökologischen Strang ziehen.

Speck aus Südtirol schadet natürlich auch nicht, solange die Schweine nicht aus den Sattelschleppern, sondern aus den Ställen der Ökobauern kommen. Aber dann essen ihn die Tiroler lieber selber. Macht aber nix, denn unserer schmeckt auch ganz gut. Wir nehmen uns dafür die Rezepte aus Tirol und anderen schönen Gegenden mit nach Hause. Sie sind geistiges Weltkulturerbe, sie gehören allen und sind zum Tauschen da. Genauso wie der freundschaftliche Austausch anderer guter Ideen. Oder der Handel mit Produkten, die wir nicht selber herstellen können.

In diesem Sinne ist regionales Wirtschaften – als konsequente Antwort auf die Globalisierung – ein Ausdruck konstruktiver internationaler Zusammenarbeit. So wie ein Speckknödel auf einem Salat aus frischem, jungen Weißkraut. Das Rezept verdanken wir den Tirolern, aber den Speck und das Kraut dem Biobauern vor der eigenen Haustüre und nicht den internationalen Speditionsfirmen, den Importeuren genmanipulierten Sojas oder der Futtermittelindustrie.

TIROLER SPECKKNÖDEL MIT KRAUTSALAT

5-6 alte Semmeln, 1/4 l Milch, 100 g geräucherter Speck, 1/2 Bund Petersilie, 1 kleine Zwiebel, 1 EL Butter, 2 Eier, 1 EL Mehl, Salz und Pfeffer, 1 Kopf Weißkraut, 1 TL Kümmel, Weißweinessig, Sonnenblumenöl

Semmeln klein würfeln und mit heißer Milch übergießen. Speck klein schneiden, die Hälfte der Petersilie fein hacken und beides zu den Semmeln geben.

Zwiebel klein hacken und in der Butter anrösten. Eier und Mehl verquirlen und zusammen mit der Zwiebel unter die Semmeln mischen. Das Ganze salzen und pfeffern und mindestens 1/2 Stunde stehen lassen.

Aus der Masse Knödel formen und diese in leicht köchelndem Salzwasser ca. 10 bis 15 Minuten in einem offenen Topf garen lassen.

Inzwischen Weißkraut fein hobeln, salzen, Kümmel dazugeben und 10 Minuten ziehen lassen.

Das Kraut leicht ausdrücken und mit Essig, Öl, Pfeffer und der restlichen Petersilie abschmecken.

Frühkraut ist zart und braucht nicht lange gedrückt oder gestampft zu werden. Gelagertes Weißkraut dagegen salzen und mit dem Fleischklopfer ein wenig stampfen. Im übrigen schmecken Semmelknödel auch ohne Speck.

Ein Mitbringsel aus Oberitalien steckt zusammen mit einem Rezept für schnelle Knödel noch im Gepäck. Pausbackig, schön reif und weich, ein wenig zu weich, um sie roh zu essen: in diesem Zustand eignen sich die Aprikosen am besten zum Verkochen. Und so gibt es zum Schluss noch aus Quark, Grieß und Mehl die ersten

TOPFENKNÖDEL MIT MARILLE

500 g Quark, 100 g Grieß, 2 Eier, 50 g Vollkorn-Semmelbrösel, Prise Salz, 4-6 Aprikosen, Rohrzucker, Butter, 60 g Semmelbrösel (oder Mohn)

Quark, Grieß, die verschlagenen Eier und ca. 50 g Semmelbrösel mischen, leicht salzen und mindestens 20 Minuten ruhen lassen.

Inzwischen die Aprikosen aufschneiden, aufklappen, entsteinen und 1 TL Zucker anstelle des Kerns hineingeben. Mit gut bemehlten Händen Knödel formen, jeweils 1 Frucht hineindrücken und den Knödel gut schließen.

Knödel in siedendes Wasser einlegen. Sobald die Knödel hochkommen, sind sie fertig. Vorsicht: Wasser darf nicht sprudelnd kochen. Topf nicht zudecken!

Butter zerlassen und Semmelbrösel (oder Mohn) anrösten, 1 EL Zucker dazugeben. Knödel darin rollen und dann auf die Teller verteilen.

Für unsere ganz Süßen gibt's noch Zucker und Zimt dazu.

Alphabetisches Register

REGISTER GERICHTE

Suppen, Soßen & Eintöpfe

Salate & Rohkost

Risotti, Getreide- & Brotgerichte

Nudeln, Knödel & Eierspeisen

Gemüsegerichte für Vor- & Hauptspeisen

Fleischgerichte

Nachspeisen

Grundrezepte

Füllungen

Weitere Füllungen siehe:

Zentrale: Siemensstr. 2 • 84405 Dorfen • Tel: 08081/9379-20 • Fax -30
eMail tagwerk-zentrum@t-online.de, www.tagwerk.net

TAGWERK- Läden und -Lizenzpartner

Dorfen	Johannisplatz 7	Tel. 08081/544
Freising	Ziegelgasse 7	Tel. 08161/12423
Freising / Biomarkt	Erdinger Str. 31b	Tel. 08161/887319
Erding	Landshuter Str. 39	Tel. 08122/3411
Markt Schwaben	Marktplatz 30	Tel. 08121/46783
Moosburg	Stadtgraben 55	Tel. 08761/61166
Landshut	Nahensteig 182a	Tel. 0871/273930
München Stemmerhof	Plinganserstr. 6	Tel. 089/76704327
Nandlstadt / Naturgarten Schönegge	Meilendorf 20	Tel. 08168/96080
Dorfen / Tagwerk Gemüsebau	Siemensstr. 2	Tel. 08081/937940
München-Riem / Tagwerk Ökokiste	Isarlandstr. 1	Tel. 089/94528744
Freising / Tagwerk Partyservice	Moosstr. 4	Tel. 08161/861038

TAGWERK-Märkte

München-Au	Samstag	8.00-13.00	Maria-Hilf-Platz
München-Neuhausen	Donnerstag	13.00-18.00	Rotkreuzplatz
München-Neuperlach	Freitag	13.00-18.00	Hanns-Seidel-Platz
Neubiberg	Donnerstag	15.00-18.00	Im Umweltgarten
Erding	Donnerstag	8.00-12.00	Grüner Markt
Unterschleißheim	Mittwoch	14.00-18.00	Rathausplatz

Stand Oktober 2001

Ich bedanke mich bei allen, die in irgendeiner Form zum Gelingen dieses Kochbuches beigetragen haben. Vor allem gilt mein Respekt und mein Dank den vielen Genossenschaftlern der TAGWERK e.G. und den Mitgliedern des Tagwerk Fördervereins.